오늘보다 나은, 특별한 내일을 위해!

_____님께 드립니다.

저자 김 대 영

기업과 개인의 미래가 국가평판에 달려 있다!

품격이 전부다

기업과 개인의 미래가 국가평판에 달려 있다!

품격이
전부다

김대영 지음 김준혁 그림

매일경제신문사

품격 있는 국가로 가자

국가에는 품격이 있다. 국격國格이다. 나라 이름만 들어도 품위 있는 상징물이 떠오르거나 격조 있고 특별한 격格이 느껴진다면 그 나라는 '품격 있는 국가'이다. 품격 있는 국가의 국민과 그 나라에서 만들어진 제품은 프리미엄Premium 효과를 누리게 된다. 반대로 국격이 낮으면 국가 디스카운트Discount 현상이 발생한다. 즉, 아무리 좋은 상품을 만들어도 제대로 된 평가를 받지 못하고 고유한 문화적 가치나 역사도 제대로 인정받지 못한다. 그 나라의 기업들이 해외에서 자금을 조달할 때는 높은 금리를 지급해야 하며 그 나라의 기업의 주가도 비슷한 수준의 외국 기업에 비해 낮은 평가를 받게 된다. 이처럼 국가평판은 중앙정부를 비롯해 지자체, 기업, 개인 등 국가를 구성하는 개별 주체의 평판이나 브랜드에도 영향을 미친다.

그렇다면 실제 대한민국의 국가평판은 어떨까. 우리나라를 바라보는 외부 시각은 국외 언론이나 여론조사 등으로 가늠해 볼 수 있다. 미국 여론조사기관인 갤럽에서 2007년부터 2010년까지 4년간 세계 148개국 35만 명을 대상으로 '이민 가고 싶은 나라'의 순위를 매긴 결과, 대한민국은 50위를 차지했다. 뉴욕과 코펜하겐에 본부를 둔 평판연구소Reputation Institute가 2016년 발표한 조사에서도 대한민국의 국가평판은 45위에 머물렀다. 이처럼 세계인들의 눈에 비친 대한민국의 이미지나 매력도는 경제력 규모나 국가경쟁력 순위와 비교하면 한참 뒤쳐진다.

국제통화기금IMF이 집계한 대한민국의 2016년 명목 GDP명목 국내총생산은 1조 4,044억 달러로, 세계 11위를 차지했다. 세계경제포럼WEF이 조사한 2016~2017년 국가경쟁력 순위에서도 대한민국은 26위를 기록했다. 대한민국의 전체 GDP를 국민 수로 나눈 1인당 GDP는 2만 7,633달러로 세계 29위다. 대한민국의 경제력을 포함한 국가경쟁력에 비해 해외에서 바라보는 대한민국에 대한 이미지나 인상이 저평가되어 있다는 사실을 금방 알 수 있다.

특히 2016년에 발생한 대통령 비선실세의 국정농단 사건으로 대한민국은 국제사회에서 '샤머니즘 국가'라고 비웃음을 받는 상황에까지 내몰렸다. 그나마 2017년 3월 10일, 헌법재판소에서 박근혜 대통령이 헌법과 법률을 위반했다며 대통령 파면 결정을 내림으로써 국가평판의 추가적인 하락을 막고 반등할 가능성을 높였다. 대부분의 외신은 박 대통령 파면을 긍정적으로 보도했다. 예를 들어 〈뉴욕타임스New York Times〉는 "대한민국의 젊은 민주주의Korea's young democracy가 발전했다는 증거"라며 "시민들이 비폭력적이고 평화적으로 대통령을 탄핵시켰다"고 평가했다. CNN은 'Park Out'이란 제목으로 대한민국 국가브랜드에 부정적인 요소 중 하나가 퇴장했음을 전했다.

이 책은 다음과 같은 순서로 구성되었다.

PART 1에서는 대한민국이 현재 세계 속에서 어떤 위치를 차지하고 있는지, 외국인들은 대한민국을 어떻게 평가하고 있는지를 다양한 국가 간 평가와 지표를 통해 점검해봤다. 아울러 국가이미지, 국가브랜드, 국가평판, 국가품격 등 이 책에서 자주 사용하는 용어에 대한 정의도 내렸다. 또한 국제정치학에서 다루는 국력 산출 공식을 분석하고 국가평판이 높을 때 유리한 점과 국가브랜드를 끌어올려야 할 이유에 대해서도 서술했다.

PART 2에서는 많은 한국인들이 이민 가고 싶어 하는 유럽 국가에 대해서 다뤘다. 사회적 합의를 도출해 위기를 극복하고 국가평판을 높인 유럽 국가들의 사례를 중점적으로 소개했다. 특히 핀란드를 비롯해 스웨덴, 덴마크, 네덜란드 등이 작지만 강한 국가로 변신할 수 있었던 비결에 대해 서술했다. 이 국가들이 어려움과 실패를 극복한 후 국가브랜드를 끌어올린 비결을 확인하고, 이 사례가 우리나라에게 전해주는 메시지를 적용하는 방안도 알아봤다.

PART 3에서는 국가의 본래 모습인 정체성과 국가브랜드에 대해 다뤘다. 지속적으로 국가브랜드의 힘을 높이고 국제사회에서 좋은 평가를 받아 높은 평판순위를 유지해온 뉴질랜드, 영국, 독일, 일본, 싱가포르 사례를 서술했다.

PART 4에서는 기업평판과 국가평판의 관계, 그리고 'Made in Korea'라고 원산지 표기가 된 제품에 대한 외국인들의 평가를 알아봤다. 세계 시장에서 다른 나라 제품과 우리나라 제품의 상품 경쟁력 순위도 살펴봤다. 해외 언론이 대한민국을 보도해온 내용을 바탕으로 외국인의 눈에 비친 대한민국의 모습을 살펴보고, 국가평판 위기관리는 어떻게 해야 하는지도 서술했다.

PART 5에서는 대한민국의 국가브랜드 슬로건의 변천 역사를 살펴보고 이에 대한 평가를 내렸다. 대한민국의 이미지와 실체를 개선할 프로세스를 설명하고 대한민국의 평판과 국격을 높일 수 있는 정량적 방법과 정성적 방법을 구체적으로 제안했다.

필자는 이 책을 쓰기 위해 브랜드와 국가평판에 관한 지식과 경험이 풍부한 10여 명의 전문가들을 대상으로 심층적인 인터뷰를 실시했다. 이들의 인터뷰 결과와 학계의 연구 결과 등을 토대로 대한민국의 평판을 끌어올리고 국가의 품격을 높이기 위해 무엇을, 어떻게 해야 하는지를 자세하게 조명했다.

대한민국은 1960년대부터 경제성장을 위해 60년 가까이 앞만 보고 달려왔다. 이제는 우리 스스로를 객관적으로 바라봐야 한다. 해외의 인식과 외국인들의 평가를 객관적으로 분석해볼 때다. 눈을 밖으로 돌려 주변국을 살펴보고 성공보다는 행복에 방점을 찍고 살아가는 국가의 사례도 살펴볼 필요가 있다.

대한민국 공동체 구성원들이 국가의 품격과 평판을 진지하게 고민하고, 학교와 가정에서도 이에 대한 토론과 교육이 이뤄졌으면 한다. 이 책이 대한민국의 품격과 국가평판에 대한 공감대를 불러일으켜서 실제로 국가의 품격이 올라가는 데 작은 보탬이 되길 소망해본다.

김대영

CONTENTS

● ● ●

PART 1　/

PART 2

PART 3

PART 4

**국가평판
vs
기업평판**

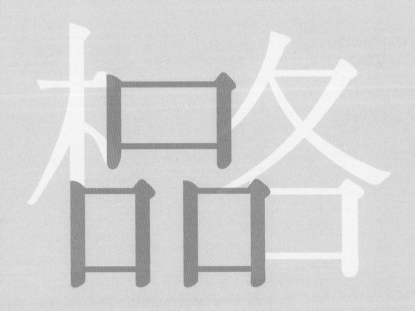

PART 5

대한민국의 품격을 높이려면

品格

추락하는
대한민국 평판

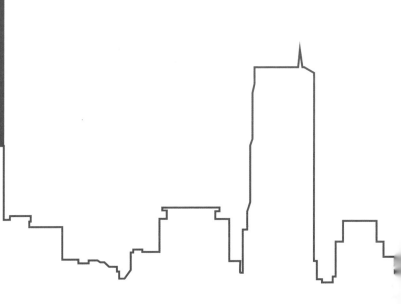

"이게 나라냐?"

"이게 나라냐?"

2016년 연말, 대한민국의 많은 국민들이 던진 질문이다. 더 이상 국가를 신뢰하지 못하겠다는 국민들의 한탄이 담긴 목소리이자 분노의 표현이다. 실제로 국민 10명 중 7명 이상인 75.3%가 정부를 신뢰하지 않는 것으로 조사됐다. 국리총리실 산하 한국행정연구원이 2016년 9월부터 두 달간 국민 8,000명을 대상으로 실시한 '사회통합 실태조사' 결과이다. 정부에 대한 국민들의 불신은 3년 전인 2013년 실시한 같은 조사(64.6%)에 비해 10.7%포인트 높아졌다. 그만큼 정부의 역할수행, 그리고 대통령을 비롯한 행정 각료 리더십에 실망한 국민이 많다는 의미이다.

국민들의 자긍심도 크게 떨어졌다. '대한민국 국민으로서 자긍심이 있다'는 응답은 박근혜정부 출범 첫해인 2013년에는 80%에 달했지만 2016년에는 62.5%로 하락했다. 국가 자긍심은 공동체 소속감을 재는 척도인 만큼 대통령 비선실세의 국정농락 파문으로 자부심에 상처를 입은 국민이 많다는 것을 보여준다.

그렇다면 해외에서 보는 대한민국은 과연 어떤 모습일까. 평판연구소의 조사에 따르면 2016년 대한민국의 국가평판은 45위였다. 평판연구소가 2016년 선진 8개국G8 등 주요 국가의 소비자 5만 8,000명을 대상으로 한 설문조사 결과이다. 2012년 31위를 기록한 것과 비교하면 4년 사이에 14단계나 추락한 것이다. 조사는 '정부와 공공부문 관리의 효과성', '환경 측면의 매력', '경제적 수준'이라는 3개 분야를 중심으로 이뤄졌다. 따라서 결과를 종합해보면 해외 소비자들이 그 나라에 얼마나 투자하고 싶은지, 그 나라 상품을 구매하고 싶은지, 실제로 살아보고 싶은지 등에 대한 생각을 알 수 있다.

그렇다면 어떤 국가들이 상위권을 차지했을까? 아시아 지역에서는 일본이 14위로 가장 앞섰고 싱가포르가 20위로 그 다음을 차지했다. 아세안ASEAN 회원국인 말레이시아(31위), 필리핀(32위), 인도네시아(37위)도 대한민국보다 순위가 앞섰다. 조사는 2016년 상반기에 이뤄졌기에, 대통령 비선실세가 일으킨

| 2016년 주요 국가의 평판 순위 |

순위	국가	평판지수	1인당 GDP(순위)
1	스웨덴	78.3	5만 1,604달러(11)
2	캐나다	77.8	4만 2,319달러(19)
3	스위스	77	7만 9,578달러(2)
4	호주	76.8	5만 1,593달러(12)
5	노르웨이	76.2	7만 1,497달러(3)
6	핀란드	75.2	4만 3,492달러(16)
7	뉴질랜드	74.7	3만 8,066달러(23)
8	덴마크	74.3	5만 3,243달러(9)
9	아일랜드	74.1	6만 5,871달러(5)
10	네덜란드	73.9	4만 5,210달러(14)
14	일본	70.9	3만 7,304달러(25)
20	싱가포르	60.1	5만 3,053달러(10)
25	대만	57.7	2만 2,044달러(37)
26	태국	57	5,662달러(88)
31	말레이시아	55.2	9,546달러(66)
45	대한민국	50.3	2만 7,633달러(29)

*평판지수 80 이상: 탁월, 70~79: 강함, 60~69: 평균, 40~59: 약함

출처: 평판연구소, 국제통화기금

국정농단 파문의 영향력은 반영되지 않았다.

이 조사 결과를 토대로 대한민국과 다른 나라를 비교해보자. 과연 어떤 점에서 차이가 날까? 우선 평판이 좋은 국가들은 국민소득1인당 GDP가 높다. 이처럼 국민소득과 국가평판은 상관관계가 높다. 이는 조사에서 '경제적 부문'이 차지하는 비중이 높고, 설문조사 응답자들이 주요 선진국 시민들이기 때문으로 풀이된다. 물론 평판 좋은 국가들 가운데 1인당 GDP가 대한민국보다 낮은 국가도 있다. 2016년 기준으로 아시아에서는 대만(25위), 태국(26위), 말레이시아(31위), 필리핀(32위)이 여기에 해당된다. 이 국가들은 유명 관광지로 널리 알려져 대한민국에 비해 인지도가 높기 때문으로 보인다. 이처럼 아시아 지역에서 국가평판이 높은 국가들은 외국인 관광객을 유치하고, 관광수입을 늘리기 위해 공을 들이고 있다는 공통점이 있다.

국가평판을 높이기 위해서는 국가와 공공부문의 운영효율을 획기적으로 높이는 등 본질적인 부분을 바꿔야 하지만 이를 단기간에 달성하기는 어렵다. 따라서 비교적 쉽고, 바로 효과가 나타나는 일부터 시작하는 게 좋다. 우선 외국인의 눈에 비친 대한민국의 모습이 어떠한지를 제대로 파악해야 한다. 다음으로 대한민국이 지닌 가치보다 낮게 평가받는 부분을 찾고, 그 요인을 개선하는 작업이 필요하다. 기준이 되는 평판조사 항목을 꼼꼼하게 분석하고 순위를 끌어올릴 방법을 찾는 작업도 벌여야 한다.

이때 가장 중요하게 고려할 요소가 있다. 대한민국의 자랑거리나 강점을 우리의 시각이 아니라 외국인들의 관점에서 생각해보고 찾아내는 것이다. 대한민국이라는 특정한 틀을 벗어나는 창조적인Out of Box 자세가 매우 중요하다. 제3자의 시각에서 대한민국과 한국인을 어떻게 해석하고 평가할지를 고민하고 분석하다 보면, 실체보다 낮은 대접을 받는 코리아 디스카운트를 막고 국가평판을 끌어올릴 수 있다.

국가청렴도,
역대 최하위

대한민국의 국가청렴도 순위가 급속도로 추락했다. 독일 베를린에 본부를 둔 국제투명성기구TI가 2017년 1월 말, 127개국을 대상으로 국가별 부패인식지수CPI를 조사한 결과를 발표했다. 대한민국은 전년보다 3점 더 낮은 56점을 기록했다. 127개국 가운데 52위다. 2016년 발표된 순위보다 15위나 추락했으며 조사가 시작된 1995년 이래 가장 낮은 수치이기도 하다. 50위를 기록했던 2003년을 제외하면 대한민국은 대체로 30위에서 40위권을 유지해왔다. 대한민국은 이 순위에서 OECD경제협력개발기구 35개 회원국 가운데 29위인데 대한민국보다 순위가 낮은 국가는 슬로바키아, 헝가리, 이탈리아, 그리스, 터키, 멕시코뿐이다.

대한민국의 청렴도 하락 경향은 국내 조사에서도 나타났

| 2016년 국가청렴도 순위 |

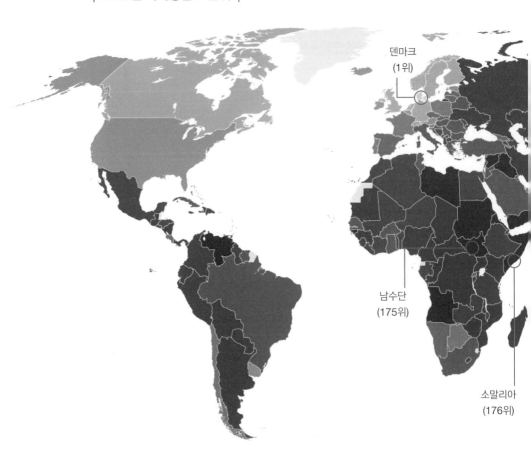

덴마크
(1위)

남수단
(175위)

소말리아
(176위)

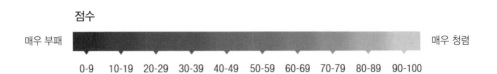

점수

매우 부패　　　　　　　　　　　　　　　　　　매우 청렴

0-9　10-19　20-29　30-39　40-49　50-59　60-69　70-79　80-89　90-100

순위	국가
1 (공동)	덴마크
	뉴질랜드
3	핀란드
4	스웨덴
5	스위스
6	노르웨이
7	싱가포르
8	네덜란드
9	캐나다
10 (공동)	독일
	룩셈부르크
	영국
13	호주
14	아이슬란드
15 (공동)	벨기에
	홍콩
17	오스트리아
18	미국
19	아일랜드
20	일본
31	대만
52	대한민국
174	북한
175	남수단
176	소말리아

출처: 국제투명성기구

다. 한국행정연구원이 2016년 9월부터 두 달간 실시한 '사회통합 실태조사' 결과, 정부가 청렴하지 않다고 생각하는 국민이 72.9%에 달했다. 특히 '전혀 청렴하지 않다'고 응답한 비율은 2013년 조사 때의 17.3%에서 30.7%로 증가했다. 이 조사는 대통령 비선실세에 의한 국정농락이나 기업들을 동원한 모금 등 정경유착으로 정부 각료의 부정부패가 더 심해졌다고 생각하는 국민들이 늘었음을 보여준다.

한편 이번 국제투명성기구 조사에서 북한은 12점을 받아 세계에서 가장 부패한 3개 국가 중 한 곳으로 조사됐다. 176개국 중 북한보다 낮은 점수를 받은 국가는 11점을 받은 남수단(175위)과 10점을 받은 소말리아(176위)뿐이다. 그밖에 하위권에는 시리아(13점·173위), 예멘(14점·170위), 리비아(14점·170위), 아프가니스탄(15점·169위), 이라크(17점·166위) 등 중동 국가가 다수 포진했다. 수단(14점·170위)과 기니비사우(16점·168위) 등 아프리카 국가도 최하위권 국가에 포함됐다.

이번 조사를 통해 대중의 인기에 의존하는 포퓰리스트Populist 정치인 혹은 독재자가 이끄는 국가일수록 부패 정도가 특히 심각하다는 사실이 드러났다. '절대 권력은 절대 부패한다'는 역사의 교훈이 적확하게 들어맞는 셈이다.

국제투명성기구의 수장인 호세 우가스Jose Ugaz는 "포퓰리스트나 독재자가 있는 국가에서는 민주주의가 위축됐으며, 이런 국가에서는 언론의 자유를 제한하거나 시민사회를 옥죄거나 사법부 독립성을 약화시키는 등 정치적으로 불안한 경향이 나타났다"고 밝혔다. 또한 그 이유를 "대부분의 포퓰리스트나 독재자들이 정경유착을 바탕으로 나쁜 형태의 부패 시스템을 구축하기 때문"이라고 설명했다.

반대로 북유럽 국가들은 상위권을 차지했다. 덴마크와 뉴질랜드가 각각 100점 만점에 90점을 얻어 공동 1위를 기록했다. 그 뒤를 핀란드(89점·3위)와 스웨덴(88점·4위), 스위스(86점·5위), 노르웨이(85점·6위) 등이 따랐다. 그밖의 주요 국가로는 미국이 74점으로 18위를 기록했다. 동북아 국가 중 일본은 72점으로 20위에, 중국은 40점으로 79위에 올랐다.

이처럼 대한민국의 국가평판이나 국가청렴도는 경제력 규모나 1인당 GDP 순위와 비교하더라도 매우 낮은 수준이다. 국제통화기금이 집계한 2016년 대한민국의 GDP는 1조 4,044억 달러로 세계 11위다. 1인당 GDP는 2만 7,633달러로 세계에서 29위를 기록했다. 이 수치들을 고려하면 대한민국의 국가평판이나 국가청렴도 순위 역시 10위권에서 20위권을 유지해야 한다. 따라서 현재 우리나라는 실체에 비해 대내외적으로 낮은 평가를 받고 있다고 할 수 있다.

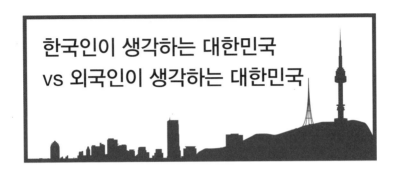

한국인이 생각하는 대한민국
vs 외국인이 생각하는 대한민국

'국제사회에서 대한민국은 얼마나 영향력이 있는 나라일까?'

'다른 나라 사람들은 대한민국을 어떻게 생각할까?'

누구나 한 번쯤은 궁금해했을 질문이다. 해외에 나가거나 외국인들을 만나보면, 자신이 생각하는 대한민국의 영향력과 실제 대한민국의 영향력이 의외로 크게 차이 난다는 사실을 알게 된다. 이는 동아시아연구원EAI이 2014년 BBC월드서비스, 그리고 국제조사전문기관인 글로브스캔GlobeScan과 공동으로 실시한 '17개 파워 국가이미지 조사'에서도 나타났다.* 이들은 세계 주요 25개국의 2만 4,542명에게 국력이 강한, 일명 파워국가

---

* 동아시아연구원, 〈BBC 국제현안조사〉, 《여론브리핑》, 제140호, 2014.

16개국과 EU유럽연합가 세계에 미치는 영향력이 얼마나 크다고 생각하는지 묻고, 그 영향력이 긍정적인지 부정적인지를 조사했다.

한국인들은 긍정적인 영향력이 큰 상위 10개국으로 독일, 캐나다, 영국, 프랑스, EU, 대한민국, 미국, 브라질, 남아프리카공화국, 인도를 꼽았다. 그러나 전체 조사 결과에서는 영향력이 큰 국가는 독일, 캐나다, 영국, 프랑스, 일본, EU, 브라질, 미국, 중국, 남아프리카공화국 순으로 나타났다.

이 조사에서 대한민국은 12위로 평가됐다. 한국인 스스로 대한민국을 긍정적인 영향을 미치는 6번째 국가로 꼽은 것과는 대조되는 결과다. 주변 나라들에 대한 평가도 엇갈렸다. 한국인들은 일본의 영향력이 세계 14위라고 평가했지만, 전 세계적으로는 5위라고 답했다. 중국의 긍정적인 영향력 역시 한국인 평균은 11위, 세계 평균은 9위였다. 북한에 대한 인식도 사뭇 달랐다. 한국인은 북한의 영향력을 묻는 질문에 단 3%만이 긍정적이라고 답변했다. 부정적이라는 답변과 모르겠다는 답변은 각각 91%, 6%로 나타났다. 그러나 전 세계적으로 북한의 영향력은 각각 긍정적 19%, 부정적 58%, 모르겠다 23%라고 답변됐다.

설문조사 결과, 한국인들은 대체로 독일이나 캐나다, 영국 등 서양 국가가 국제사회에 긍정적인 영향력을 미친다고 평가

| 17개 파워국가의 영향력 평가 |

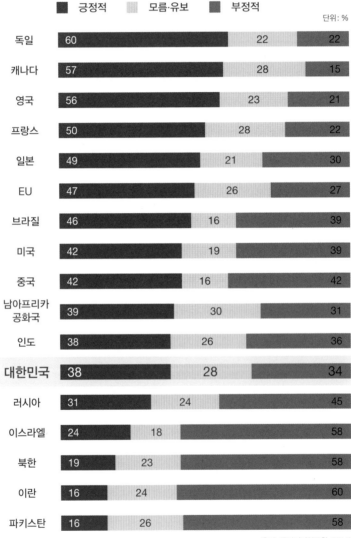

● 세계 25개국 국민들의 17개국 평가(평균)

긍정적　모름·유보　부정적

단위: %

국가	긍정적	모름·유보	부정적
독일	60	22	22
캐나다	57	28	15
영국	56	23	21
프랑스	50	28	22
일본	49	21	30
EU	47	26	27
브라질	46	16	39
미국	42	19	39
중국	42	16	42
남아프리카공화국	39	30	31
인도	38	26	36
대한민국	38	28	34
러시아	31	24	45
이스라엘	24	18	58
북한	19	23	58
이란	16	24	60
파키스탄	16	26	58

출처: 동아시아연구원, 2014년
조사 대상: 전 세계 25개국 2만 4,542명

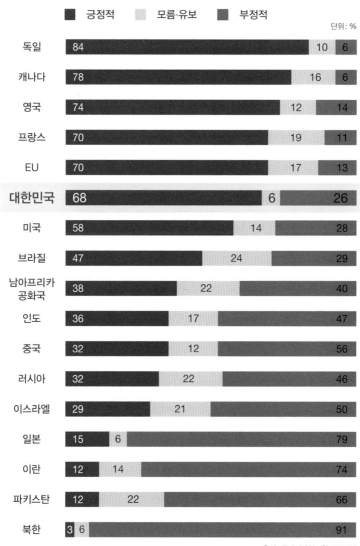

● 한국인의 17개국 평가(평균)

■ 긍정적   ░ 모름·유보   ■ 부정적

단위: %

국가	긍정적	모름·유보	부정적
독일	84	10	6
캐나다	78	16	6
영국	74	12	14
프랑스	70	19	11
EU	70	17	13
대한민국	68	6	26
미국	58	14	28
브라질	47	24	29
남아프리카공화국	38	22	40
인도	36	17	47
중국	32	12	56
러시아	32	22	46
이스라엘	29	21	50
일본	15	6	79
이란	12	14	74
파키스탄	12	22	66
북한	3	6	91

출처: 동아시아연구원, 2014년
조사 대상: 대한민국 국민 1,000명

했다. 반면 중국·일본·북한 등 주변 국가들이 국제사회에 미치는 영향력은 부정적으로 보았다. 대한민국이 국제사회에 미치는 영향력을 긍정적으로 평가한 나라는 가나(63%), 호주(62%), 미국(55%), 캐나다(48%), 인도네시아(48%) 순으로 나타났다.

이 조사 결과를 통해 볼 때, 한국인이 스스로를 국제사회에 긍정적인 영향을 미치는 존재로 생각하는 정도에 비해 다른 나라 사람들이 국제사회에서 대한민국을 평가하는 정도가 훨씬 낮다는 사실을 알 수 있다.

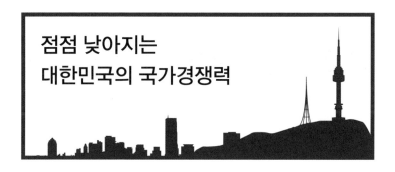

점점 낮아지는 대한민국의 국가경쟁력

세계경제포럼은 스위스 제네바에 본부를 둔 민간기관으로, 매년 1월 초 스위스에서 각국 인사들을 초청해 정보를 교환하고 세계경제에 대해 토론하는 행사인 다보스포럼을 주최한다. 또한 1979년부터 매해 세계 130여 개 나라의 국가경쟁력 점수를 매겨 《국가경쟁력보고서Global Competitiveness Report》를 발표하고 있다. 이 보고서의 평가항목은 크게 '국가 기반', '효율성 증진', '기업 혁신과 성숙도' 등 3개 분야다. 종합해보면 한 나라의 총체적인 경제적 수준을 보여주는 셈이다.

세계경제포럼의 조사에서 대한민국의 국가경쟁력 순위가 가장 높았던 때는 11위를 기록했던 2007~2008년이다. 당시 조사에서 대한민국은 골고루 좋은 평점을 받았는데, 세부적으로

| 주요국과 비교한 대한민국의 국가경쟁력 순위 |

국가	2007~2008년 순위	2016~2017년 순위	기간 내 순위 변동
스위스	2	1	1↑
싱가포르	7	2	5↑
미국	1	3	2↓
네덜란드	11	4	7↑
독일	5	5	-
스웨덴	4	6	2↓
영국	9	7	2↑
일본	8	8	-
홍콩	14	9	5↑
핀란드	6	10	4↓
노르웨이	16	11	5↑
덴마크	3	12	9↓
뉴질랜드	18	13	5↑
대만	14	14	-
대한민국	11(역대 최고)	26	15↓
아이슬란드	23	27	4↓
중국	34	28	6↑

출처: 국가경쟁력보고서

살펴보면 국가 기반 면에서 세계 14위, 효율성 증진 면에서 12위, 그리고 기업 혁신과 성숙도 면에서 7위를 기록했다.

우리나라에서 국가평판과 국가이미지의 중요성에 대해 인식하고, 활발하게 연구하기 시작한 시기는 바로 2002년 한·일 월드컵을 준비하면서부터다. 이때부터 대한민국의 국가이미지와 상품이미지를 본격적으로 일본, 중국 등과 비교하기 시작했으며, 국가이미지를 높이기 위한 정부와 유관기관의 공조 방안 등도 연구됐다. 해외 관광객들이 가진 대한민국의 이미지를 토대로 국가이미지 홍보 전략을 제시하거나 국가이미지가 다국적기업의 해외지사에 미치는 영향을 연구하기도 했다. 이처럼 국가평판의 중요성에 대해 인식하고 연구하면서 국제사회에서 대한민국의 국가경쟁력도 자연스럽게 향상됐다.

외국인들이 대한민국에 대해 가지는 이미지는 해외 언론 보도를 통해 짐작해볼 수 있다. 숙명여자대학교 이병종 교수는 〈뉴욕타임스〉에 게재된 대한민국 관련 기사 중 4년 치를 골라 분석한 결과를 2010년 논문으로 발표했다. 그 결과, 대한민국 관련 기사는 시간이 흐를수록 국방, 정치, 경제와 같은 하드파워 주제에서 문화, 예술, 스포츠, 일상생활 등 소프트파워 주제로 옮겨가는 것을 확인할 수 있었다. 기사의 논조도 갈수록 긍정적으로 변했고, 기사의 주체도 정치단체나 기업에서 한국인 개인으로 옮겨갔다. 검색 기간 중 초기의 기사에는 대한민국

| 〈뉴욕타임스〉 기사 속 대한민국의 이미지 변화 |

출처: 이병종, 〈뉴욕타임스〉에 나타난 한국의 이미지 변화추이 연구, 2010년

문화에 대한 언급이 거의 없었으나 시간이 흐를수록 관련 보도가 늘어나는 모습도 볼 수 있었다. 대한민국에 관한 서술도 '성장과 위험 → 위기와 고통 → 자부심과 편견 → 우아함과 세련됨' 등 점차 호의적으로 바뀐 것으로 나타났다.

국가평판에 대한 관심은 2009년부터 더욱 높아졌다. 이명박 정부가 국가브랜드위원회를 만들고 본격적인 활동을 개시하면서 정부 차원에서 국가브랜드를 높이기 위한 다양한 시도나 체계적인 지원이 이뤄졌기 때문이다.

그러나 정부에 위원회가 너무 많다는 지적이 제기되면서, 국가브랜드위원회는 2013년, 박근혜정부 때 폐지되었다. 당연히 이후 국가브랜드에 대한 정부와 공공부문의 관심도 줄어들었으며 학계나 민간부문의 세미나와 연구·조사 결과물도 감소했다. 10년 전과 비교했을 때 대한민국의 국가경쟁력 순위가 오히려 후퇴한 요인 중 하나는 국가브랜드나 국가평판에 대한 정부와 민간의 관심이 크게 줄어들었기 때문으로 보인다. 국가브랜드나 국가평판이 좋아지면 경제적·문화적으로 여러 가지 이점이 있는 만큼 정부와 기업, 연구소, 대학교 등이 심기일전해 새롭게 노력할 필요가 있다.

지금부터 국가평판이란 과연 무엇이고, 국가평판이 높아지면 어떤 면에서 기업과 개인에게 좋은지를 살펴보려 한다.

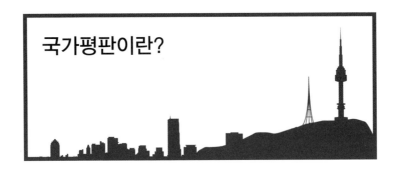

국가평판이란?

국가평가에 대한 용어인 국가이미지, 국가브랜드, 국가평판, 국가품격은 서로 비슷해 보이지만 조금씩 다른 의미를 지닌다. 학자나 연구자에 따라 정의가 다르지만, 이 책에서는 다음과 같은 의미로 쓰고자 한다.

국가이미지는 국가나 해당 국민에 대해 사람들이 갖고 있는 일반적인 인식이나 전반적인 믿음을 말한다. 외국인이 이성적, 감성적으로 특정 국가의 제품과 서비스, 더 나아가 특정 국민에 대해 내리는 평가나 표현이라고 할 수 있다. 국가이미지는 오랜 시간에 걸쳐 서서히 형성되거나 변한다. 국가이미지는 매우 무겁고 크기도 커서 진로를 변경하거나 정지하는 데 오랜 시간이 걸리는 초대형 유조선에 비유되기도 한다. 또한 전쟁이나 외교, 월드컵이나 올림픽같이 전 세계적으로 관심 높은 스포츠 경기에서의 우승, 명예롭거나 수치스런 인물, 유명 제품 등 다양한 요소에 영향을 받는다. 예를 들어 월드컵에서 좋은 성과를 보여준 나라는 전 세계인으로부터 '축구 잘하는 나라'로 일시적으로 주목받는다. 하지만 유명세를 이어나갈 행보를 보여주지 못하면 그 이미지는 유지되지 못한다. 반면 브라질의 경우 '전통적인 축구 강호'라는 국가이미지를 갖고 있다. 따라서 국제 경기에서 일시적으로 성적이 부진하더라도 축구를 잘한다는 이미지는 사라지지 않는다.

국가브랜드는 국가이미지를 마케팅 측면에서 바라보는 개념이다. 수출, 관광, 투자, 거주, 문화 등 다양한 분야를 아우르는 한 나라에 대한 총체적인 인식을 말한다. 즉, 마케팅 실행 주체인 해당 국가의 계획이나 노력에 의해 형성되는 인식이나 태도를 지칭한다. 쉽게 말해서 국가브랜드란 특정 국가의 제품이나 서비스를 다른 나라의 것과 구별되도록 붙여진 이름, 용어, 기호, 상징, 디자인 혹은 이들의 조합이다. 국가에 브랜드라는 개념, 즉 소비자가 특정 상품과 다른 상품을 구별하거나 가치를 부여하도록 하는 경험적 상징체계를 적용한 것이다. 소비자들은 국가브랜드에 따라 제품이나 서비스를 평가하게 된다. 따라서 국가브랜드는 소비자들의 구매의사 결정에도 중요한 변수로 작용한다.

대한민국의 국가브랜드를 높여준 다양한 K컬처

우리나라는 1988년 서울올림픽을 개최하면서 대외적으로 주목받기 시작했다. 2002년 한·일 월드컵 때는 '붉은 악마'로 대변되는 응원 문화로 대한민국의 국가브랜드를 강화했고, 우리나라를 전 세계에 보다 광범위하게 알렸다. 그 후 가수 싸이의 〈강남스타일〉을 비롯한 K팝K-Pop과 화장품 등 K뷰티K-Beauty, K푸드K-Food가 인기를 끌면서 K컬처K-Culture가 더욱 주목받게 되었다.

예를 들어 럭셔리브랜드인 에르메스Hermès 상품의 태그에는 '메이드 인 프랑스Made in France'라고 원산지가 쓰여 있다. 국내 백화점 매장에서 에르메스 넥타이는 한 점당 27만 원을 호가하지만 비슷한 외양과 품질의 한국산 넥타이는 5만 원 안팎이다. 무려 5배 이상 가격 차이가 나는 것이다. 이처럼 많은 소비자들이 국가브랜드를 통해 해당 제품의 가치나 품질을 직접 또는 간접적으로 추론한다. 일종의 후광효과Halo Effect인 셈이다. 이처럼 국가브랜드는 해당 국가에 대한 선호 가치를 수치나 순위로 계량화할 수 있다는 것이 특징이다.

국가평판은 오랜 기간에 걸쳐 형성된 한 국가에 대한 평가로, 해외 각국의 사람들과 자국민들이 공통적으로 가지고 있는 종합적인 시각을 의미한다. 특정 국가의 제품이나 서비스에 대한 평가는 물론이고 그 외 전체적인 인식의 총합이라고 할 수 있다. 이때 그 나라의 역사, 정치, 문화, 외교, 경제, 사회,

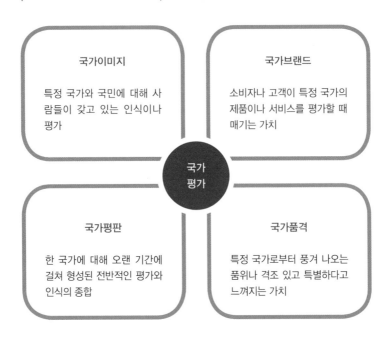

예술, 스포츠 분야 등 다양한 요소가 복합적으로 작용한다.

마지막으로 국가품격은 국가에 '품격'이라는 단어를 붙인 용어다. 품격의 사전적 의미는 '사람의 타고난 바탕이나 성품, 사람에게서 느껴지는 품위'이다. 문화와 전통을 토대로 그 나라의 정치, 경제, 사회, 문화, 환경 전반에서 나타나는 국가의 품위가 국격으로 나타난다. 즉, 국격이란 특정한 국가 이름[國名]을 들었을 때 느껴지는 품위, 해당 국가의 국민이나 정부의 모습에서 풍겨져 나오는 격식이다. 이 책에서는 국가의 품격을 경제력 향상이나 군사력 신장 등 물리적인 것과는 별개로 '국가공동체를 이루는 구성원들이 장기간에 걸쳐 일상생활 속에서 키워내고 쌓아올린 자산 혹은 가치'라는 의미로 사용한다.

따라서 이 책에서는 보다 광범위한 의미를 지닌 '국가평판'과 '국가품격'이란 용어를 주로 쓰려고 한다.

그렇다면 우리는 좋은 국가평판을 어떻게 만들어나갈 수 있을까? 우선 한 나라의 평판을 구성하는 3가지 요소에 대해 알아보자. 평판은 각각 '현재의 모습Substance'과 '희망하는 모습Desired Identity' 그리고 '외부에서 본 모습Image'으로 존재한다.

먼저 '현재의 모습'이란 대한민국의 정치, 경제, 사회, 문화 등 한 나라의 실제적인 모습이다. 우리나라의 실체를 정확하게 가늠하고 측정하는 것은 사실 매우 어렵다. 우리 스스로도 알지 못하는 강점과 약점이 있기 때문이다. 한국인 스스로 평가하는 대한민국과 한국인의 이미지 등으로 현재의 대한민국(한국인)을 파악하는 것이 현실적인 방법이다.

현재 대한민국을 강점, 약점, 위협, 기회라는 4가지 SWOT 요소로 분석해보면 객관적으로 현재의 대한민국을 파악할 수 있다. 우선 우수한 인재가 많고 전자, 자동차, 철강 등 기간산업을 보유했다는 것 등이 강점이다. 따라서 우리나라는 기업 인재의 세계 진출 확대, K팝, K뷰티 등 K컬처의 확장 가능성 등

강점

- 우수한 인재(고학력 근로자)
- 근면 성실한 국민성
- 전자, 자동차, 철강 등 기간산업 보유
- 첨단 IT 기술력 보유

약점

- 강대국의 각축장이라는 지정학적 위치
- 천연자원 부족
- 사회양극화 심화
- 정치 및 사회 분열

기회

- 기업 인재의 세계 진출 확대
- 국가브랜드 창출 잠재력
- K팝, K뷰티, K푸드 등 K컬처의 확장 가능성
- 2018년 평창 동계올림픽 개최

위협

- 중국의 견제와 압력
- 북한의 도발
- 저성장, 저출산, 고령화
- 새로운 성장 동력 부족

을 기회로 볼 수 있다. 반면 지정학적 위치, 천연자원의 부족, 사회양극화 등의 약점이 존재한다. 대외적으로는 중국과 북한의 위협에 시달리고, 대내적으로는 저성장, 저출산, 고령화 등 사회문제에 따른 새로운 성장동력이 부족하다는 문제도 있다.

'외부에서 본 모습'이란 다른 나라들에서 내리는 특정 나라에 대한 평가이다. 즉, 외국인들이 우리나라와 한국인을 생각하면 떠오르는 이미지이다. 외부에서 바라보는 대한민국의 모습과 대한민국의 실제 모습에는 다른 부분이 있기 마련이다. 따라서 국가평판을 높이는 가장 쉬운 방법 중 하나는 바로 국가의 강점 중 잘 알려지지 않은 요소를 찾고, 이를 해외에 널리 소개하는 것이다.

'희망하는 모습'이란 하나의 공동체가 목표하는 미래지향적이고 큰 그림이다. 쉽게 말해 한국인 스스로가, 그리고 외국인들이 대한민국을 이렇게 바라봐주었으면 하고 희망하는 모습이다. 궁극적인 목표인 만큼 현재 대한민국(한국인)의 실체나 이미지와는 격차가 클 수밖에 없다. 이 목표를 잘 설정해야 국가평판을 효과적으로 높일 수 있다.

이 목표를 이루려면 현재 대한민국의 상태를 진단하고, 해외에서 대한민국을 바라보는 국가이미지를 살펴봐야 한다. 다음으로 대한민국이 지향해야 할 모습을 결정하는 과정이 필요하다.

대다수 국민이 희망하는 국가의 모습을 그리려면 국민 의견을 수렴하는 절차를 거쳐야 한다. 많은 사람의 의견을 들어야만 미래 국가의 모습을 세부적으로 묘사하고 그 방향으로 나아가기 위한 로드맵을 효과적으로 만들 수 있기 때문이다. 우선 미래의 국가 모습으로 미국식, 유럽식, 북유럽식의 3가지 국가 모델 중 어느 모델을 더 참고할지 고민해야 한다. 미국식 모델은 시장에서의 자유경쟁을 통해 경제적인 부가 창출된다고 믿는 만큼 국가는 개인의 자유로운 경제활동을 보장한다. 반면 국민 개개인의 삶의 질이나 복지는 대부분 개인이 준비하고 결

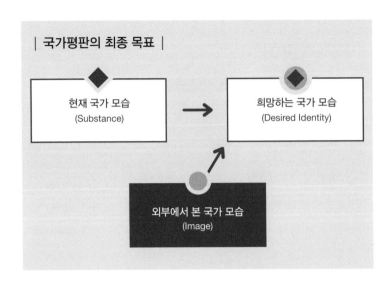

| 국가평판의 최종 목표 |

현재 국가 모습
(Substance)

희망하는 국가 모습
(Desired Identity)

외부에서 본 국가 모습
(Image)

정해야 한다. 독일이나 프랑스 등 유럽식 모델은 국가의 역할도 크지만 기업과 가정 역시 복지를 공동으로 책임지는 형태다. 주로 교육은 국가가 맡지만 육아 등은 개인이 선택하는 식이다. 북유럽식 모델은 다른 모델에 비해 상대적으로 국가가 가장 많은 역할을 한다. 많은 세금을 거둬서 교육부터 의료, 아동, 노인 등 모든 분야에서 국민들의 복지에 관여한다. 대한민국의 50년, 100년 후의 국가 모습을 상상해 어떤 국가 모델이 알맞을지 선택하고, 어떤 요소를 가미하거나 줄일지를 다양한 국민들의 의견을 수렴해 공론화하는 과정을 거쳐야 한다.

지금부터 이 국가평판 모델을 기초로 대한민국의 국가평판을 분석하고 방향을 모색하고자 한다.

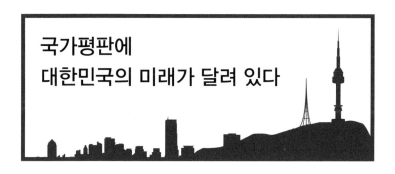

국가평판에 대한민국의 미래가 달려 있다

　정부와 기업, 국민이 국가평판과 국가브랜드에 대해 인식하고, 강화하기 위해 나서야 하는 이유는 무엇일까? 브랜드의 가치에 대해 말할 때 자주 인용되는 보석 업계의 이야기가 있다. 남아프리카 광산에서 10캐럿짜리 다이아몬드의 원광석을 채취하는 데 드는 비용은 200달러에서 400달러(약 23만 원~ 46만 원) 수준이라고 한다. 이 광석이 감정인의 손에 넘어가 흠이 없는 다이아몬드라고 판명되면 값어치가 5만 달러(약 5,700만 원)로 높아진다. 가공 단계를 거친 다이아몬드는 소매업자에게 8만 달러(약 9,100만 원) 수준에 팔린다. 이 다이아몬드가 최종 소비자의 손에 들어갈 때의 가격은 13만 달러(약 1억 4,800만 원)가 넘어간다. 게다가 카르티에나 티파니와 같은 최고급 브랜드를

$200

$50,000

$130,000

브랜드로 결정되는 다이아몬드의 가격

붙이면 말 그대로 '부르는 게 값'이다.

지금 국가평판을 끌어올리지 못하거나 국가브랜드 고급화를 이루지 못하면 대한민국의 미래는 매우 어둡다. 정보통신의 발달과 급속한 세계화로 거주할 국가나 지역을 스스로 선택하는 사람들이 부쩍 늘고 있기 때문이다. 경쟁 범위를 동북아 3국으로 좁혀도 마찬가지다. 일본은 이미 세계 시장에서 국가평판(국가브랜드)을 최고 수준으로 올려놓으며 꾸준히 앞서가고 있다. 중국은 가격 경쟁력을 바탕으로 중저가제품 시장을 장악했으며, 점점 더 무서운 기세로 치고 올라오고 있다.

대한민국이 적절한 일자리를 제공하지 못하거나 더 나은 생활 여건, 교육 여건을 만들지 못한다면 외국의 좋은 인력들은 우리나라를 외면할 것이다. 대한민국의 우수한 인재 역시 디지털 유목민Digital Nomad이 되어 거주 여건이 좋고 더 많은 기회를 제공하는 다른 나라를 찾아 떠날 것이다.

국가평판과 국가브랜드의 향상이 해당 국가에 많은 이점을 가져다준다는 사실은 그동안 많은 연구에서 입증되었다. 브랜드 전문가 폴 템포랄Paul Temporal은 2001년 자신의 연구논문에서 밝고 건실한 국가브랜드가 국가에 가져다주는 다양한 혜택에 대해 분석했다. 그는 브랜드 제품과 서비스의 수출 증대, 외국인의 관광 및 투자 증가, 통화 안정성 증가, 국제신용과 투자자

신뢰 회복, 국가 신용등급 향상, 국제 정치력 강화, 국제 협력체제 강화, 국민들의 자신감 회복, 환경과 인권문제에 대한 부정적 시각 해소 등을 장점으로 열거했다.

이외에도 지금까지 국가평판과 국가브랜드에 대해 다양한 연구가 이루어졌는데 이 결과들을 종합해보면 국가평판이 높아질 경우, 국가와 기업 등에 다음과 같은 이점이 생긴다.

첫째, 특정 국가에서 만든 제품에 대한 이미지가 좋아지고 수출이 늘어난다. 1988년 서울올림픽을 치르며 외국인들에게 대한민국의 인지도가 높아지고, '메이드 인 코리아' 상품의 수출이 늘어난 사례가 여기에 해당된다. 소비자들은 상품을 평가할 때 그 상품이 만들어진 지역에 대한 이미지나 평판의 영향을 받는다. 이것이 바로 '원산지 효과'이다. 소비자가 불확실한 상황에서 제품이나 서비스를 구매해야 할 경우, 많은 스트레스를 받게 된다. 이때 그 제품을 만든 국가에 대한 호의적인 이미지가 형성되어 있다면 실패 확률이 적을 것이라는 믿음이 생기고, 제품 구매 확률이 높아진다. 원산지는 상품 브랜드에 대한 충성도만큼 강력한 효과를 지닌다. 예를 들어 독일에서 만든 자동차나 기계 제품, 이탈리아의 패션 소품, 프랑스의 화장품 등에 대한 사람들의 믿음을 떠올리면 이해하기 쉽다.

둘째, 아름다운 상징물이나 물리적 환경, 특색 있는 축제 등을 알리면 더 많은 외국인 관광객들을 끌어들일 수 있다. 많은 관광객이 자유의 여신상이나 엠파이어스테이트 빌딩을 보기 위해 미국 뉴욕을 찾는다. 프랑스 파리의 에펠탑이나 스위스 알프스에 있는 산악철도 등도 여기에 해당된다. 일본 삿포로의 눈 축제나 프랑스 칸 국제영화제 등의 지역 대표 행사도 '가보고 싶은 행사'로 자리 잡으며 많은 관광객을 끌어들이고 있다.

셋째, 해외의 우수한 인재 영입이 쉬워지고, 국가의 두뇌유출을 막는다. 급속한 세계화가 진전되는 상황에서 개발도상국이 겪는 어려움 중 하나는 최고 수준의 교육을 받은 엔지니어 등 각 분야의 전문가들이 선진국으로 빠져나가는 것이다.

국가 간 고급 두뇌 쟁탈전은 갈수록 치열해지고 있다. 중국 정부는 1990년대부터 이미 파격적인 혜택으로 해외 유학파를 대거 귀국시키는 '연어 프로젝트'를 가동하고 있다. 이 프로젝트명은 연어가 알을 낳기 위해 고향으로 회귀하는 습성에 빗댄 것이다. 중국과학원은 파격적인 연봉은 물론 주택, 의료, 교육 등을 제공하며 해외 최우수 인재들을 계속 유치하고 있다. 인도 정부도 자국 출신의 혁신적인 기업가들이 미국 실리콘밸리를 떠나 인도로 돌아올 수 있도록 각종 인센티브와 사업 기회를 제공하고 있다. 일본 정부는 해외 고급인력을 유치하기 위해 2017년 초, 일본에 거주하는 외국 연구자와 기업 경영자 등이 영주권을 1년 만에 취득할 수 있도록 규제를 대폭 완화했다. 기존 일본에 거주하는 외국인이 영주권을 취득할 수 있는 최단

(위) 미국 뉴욕의 상징이 된 자유의 여신상
(아래) 국제적인 축제로 자리 잡은 일본 삿포로의 눈 축제

체류 기간은 5년이었다. 이는 2020년까지 고급 외국인 인재를 1만 명으로 늘리겠다는 아베 신조_{安倍晋三} 총리의 목표 중 하나이다.

넷째, 국가평판이 좋아지면 대외신인도와 국가신용등급이 높아진다. 국가신용등급이 올라가면 당연히 해외 투자자들의 신뢰가 높아지고 외국인 투자도 늘어난다. 이 때문에 많은 국가와 도시가 비즈니스 친화적인 슬로건을 내걸고 브랜딩 작업을 하고 있다.

싱가포르는 창조도시를 건설한다는 목표로 '당신의 싱가포르_{Your Singapore}' 사업을 펼치며 해외에서 투자를 유치하고 있다. 이 같은 움직임은 국가뿐 아니라 개별 도시에서도 활발하게 진행되고 있다. 캐나다의 최대 도시인 토론토는 다문화 출신의 고학력 인재 풀과 인프라를 강조하며 '무한한 상상과 기회의 도시 토론토_{Toronto Unlimited}'라는 슬로건을 내걸었다. 또한 철강 산업 사양화로 쇠락했던 미국 피츠버그는 '당신의 새로운 기회를 상상해보라_{Imagine your opportunity}'라는 슬로건을 내걸고 정보통신과 생명과학 분야 기업 유치에 적극적으로 나서기도 했다.

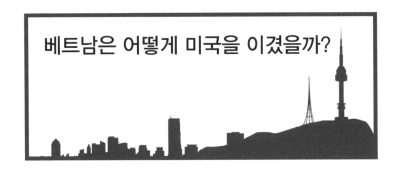

베트남은 어떻게 미국을 이겼을까?

　2016년 연말, 극심한 정치 리더십 혼란을 겪으면서 대한민국의 국력 약화를 우려하는 목소리가 곳곳에서 터져 나왔다. 주변 강대국들과 비교했을 때 더욱 걱정된다는 의견도 많았다. 미국의 도널드 트럼프Donald John Trump 대통령을 비롯해 중국의 시진핑習近平 국가주석, 일본의 아베 신조 총리 등이 자국의 이익을 위한다는 명분을 내걸고 전임자들에 비해 훨씬 강력한 자국 중심 리더십을 발휘하고 있기 때문이다.

　그렇다면 국가가 가진 능력이나 힘인 국력은 어떻게 평가할 수 있을까? 국력의 기본적인 구성요소로는 영토의 크기와 지리적 위치, 인구 수, 경제력, 군사력, 문화적 영향력 등을 꼽을 수 있다. 국제정치학에서는 CIA부국장을 지냈고 현재 미국 조

| 레이 클라인의 국력 계산 방정식 |

국력 =
(영토 크기와 인구 수+경제력+군사력) × (국가 전략+국민 의지)

지타운대학교의 교수인 레이 클라인Ray S. Cline의 '국력 계산 방정식'이 많이 사용된다. 그는 자신의 저서《1990년대의 세계 국력 분석The Power of Nations in the 1990s》에서 국력은 유형有形의 하드웨어적 요소(국토와 인구 수, 경제력, 군사력)와 무형無形의 소프트웨어적 요소(국가 전략, 국민 의지와 단합)를 곱해서 나타낼 수 있다고 말했다.

클라인은 책을 출간한 1994년 1월 당시, 이 공식에 따라 주요국의 국력을 예로 들었다. 미국이나 중국, 브라질, 러시아 등의 영토 크기에 100점 만점을, 인구는 1억 명을 기준으로 그보다 많을 때 100점 만점을 부여했다. 따라서 이들 4개국은 영토 크기와 인구 수 부분에서 200점을 받았다. 경제력은 미국을 200점 만점으로 정해놓고 그 기준에 따라 다른 나라에 상대적인 점수를 매겼다. 군사력의 경우 100점을 만점으로 산정하고, 미국과 러시아가 만점에 해당된다고 정했다. 이 기준에 따르면 미국의 하드웨어적 점수는 총 500점으로 전 세계 1위다. 다른 예로 그는 일본에 영토 30점, 인구 100점, 군사력 50점, 경제력

(위) 미국 전역에서 일어난 베트남전쟁 반대 시위
(아래) 강력한 리더십을 발휘한 베트남의 국가지도자 호찌민(뒷줄 왼쪽에서 세 번째)

130점을 부여해 일본의 하드웨어적 점수가 총 310점이라고 계산했다.

　그가 제시한 국력 계산 방식의 가장 큰 특징은 눈에 보이지 않는 무형의 요소가 국력을 산출하는 데 유형의 요소만큼 중요하다고 제시한 것이다. 그는 국가 전략과 국민 의지를 합산해 1을 기준으로 점수를 부여했다. 그는 국가 전략을 잘 세울 뿐 아니라 국민들이 잘 단결하는 스위스와 이스라엘을 각각 1.5점과 1.4점이라고 평가했다. 대한민국은 1.2점이라고 판단했다. 그러나 국가 전략이 엉성하고 국민들이 잘 단합되지 않는 방글라데시 등에는 0.4점을 부여했다.

　클라인의 국력 산출 공식은 미국이 베트남전쟁에서 패배한 이유나 이스라엘이 팔레스타인을 비롯한 아랍권 국가들을 물리친 배경을 잘 설명해준다. 국가 전략이나 국민 의지가 아예 없어서 소프트웨어적 점수가 0점대일 경우에는 군사력이나 경제력이 아무리 크더라도 국력의 총합 역시 '0'에 가까워진다. 베트남전쟁 당시 미국은 영토나 인구 수, 경제력, 군사력 측면에서 북베트남(월맹)에 비해 압도적인 우위를 점했지만 전쟁에 임하는 국민 의지는 매우 낮은 상태였다. 미국에서는 시민들이 대규모 시위를 할 정도로 베트남전쟁에 반대하는 국민 정서가 들끓었다. 반면, 베트남에는 강력한 카리스마를 가진 국가지도자였던 호찌민胡志明과 천재적인 군사전략가인 보응우옌잡武元甲

장군이 버티고 있었다. 대부분의 베트남 국민들도 외세를 몰아내기 위해 똘똘 뭉쳤다. 미국과는 비교할 수 없을 정도로 소프트웨어적 힘이 강력했던 셈이다. 호찌민은 미국과 전쟁을 벌이고 있는 와중에도 전쟁 후 베트남의 미래를 생각해서 중국은 물론 북한에도 유학생을 보낼 정도로 깨어 있는 인물이었다. 즉, 베트남은 걸출한 정치지도자가 구사하는 다양한 전략과 전술, 그리고 국민의 단결을 바탕으로 전쟁에서 승리할 수 있었다.

구한말 vs 2017년

최근 대한민국의 상황을 구한말인 120여 년 전과 비교하는 사람들이 많다. 과연 어떤 부분이 닮았을까? 구한말을 언급하는 사람들은 한반도를 둘러싼 외교적 상황이나 중국과 일본의 모습이 그때와 매우 흡사하다고 지적한다. 실제로 청일전쟁이나 러일전쟁 등 강대국들의 동북아 전쟁은 모두 한반도에서 시작되었다. 청일전쟁은 충청남도 아산 앞바다에 있는 풍도에서 일본군이 청나라 군함을 습격하며 시작됐고, 러일전쟁의 제물포해전 역시 인천 앞바다에서 벌어졌다. 왜 일본이 중국, 그리고 러시아와 벌인 패권전쟁의 전쟁터는 한반도가 되어야 했을까? 크게 두 가지 요인을 꼽을 수 있다.

첫째는 조선의 국력이 약했기 때문이다. 그 당시 조선은 일본이나 중국, 러시아와 국력 측면에서 비교가 되지 않았다. 군사적 힘은 물론 인구 수나 경제력, 외교력 등 대부분의 분야에서 국력이 미약했다. 국제사회는 힘이 약하면 다른 나라에 당할 수밖에 없는 약육강식의 속성을 지니고 있다. 또한 국력이 낮을 경우 식민통치로 피해를 입더라도 제대로 된 사과나 피해보상을 받을 수 없다. 제2차 세계대전 이후 독일의 두 얼굴을 보면 쉽게 이해할 수 있다. 1970년, 당시 독일 총리인 빌리 브란트Willy Brandt는 폴란드 바르샤바의 유대인 위령비 앞에 무릎을 꿇으며 유대인들에게 용서를 빌었다. 그러나 독일 정부는 1900년대 초, 지역 주민을 10만 명 가까이 학살하며 자신들의 식민지로 삼았던 아프리카 남부의 나미비아에는 2016년에 들어서야 사과했다. 그러면서도 피해보상은 거부했다. 2017년 초, 나미비아의 부족장 2명은 미국 맨해튼 지방법원에 독일에 대한 손해배상 소송을 제기했다.

둘째는 국론이 분열되었기 때문이다. 구한말 당시 고종과 흥선대원군, 명성황후는 당시 패권국인 일본, 중국, 러시아의 눈치를 보며 3개국 사이에서 갈팡질팡했다. 1882년 임오군란으로 친중 사대정권이 들어섰지만 갑신정변(1884년) 즈음에는 친일정권으로 바뀌어 청일전쟁(1894~1895년) 때까지 이어졌다. 아관파천(1896년)으로 친러정권이 잠시 득세하는 것처럼 보였으나 러일전쟁(1904~1905년)을 계기로 또다시 친일세력들이 정권을 잡았다. 나라를 이끄는 지도자들이 한자리에 모여 힘을 합쳐도 힘겨운 상황에서 이들은 외세를 끌어들여 정권을 바꾸는 세력다툼에만 혈안이 되어 있었던 것이다.

구한말의 시계추를 지금으로 돌려보자. 당시 한반도에서 벌어졌던 국론 분열이나 우왕좌왕하는 정치인들과 정부의 모습은 지금과 비슷하다. 물론 그때에 비해 대한민국의 국력은 매우 막강해졌다. 경제적, 군사적, 외교적 측면에서는 당시와 비교할 수 없을 정도로 세졌다. 그러나 여전히 대한민국의 주변에는 미군의 사드 배치를 놓고 경제보복과 군사훈련이란 무력시위를 벌이는 중국이 있다. 일본은 부산의 일본 영사관 근처에 설치된 위안부 소녀상을 문제 삼으며 주한 일본대사를 귀국시키고 한·일 통화 스와프 협상을 중단하겠다고 으름장을 놓았다.

왜 한반도에서는 이런 일이 반복해서 벌어지는 걸까. 이제는 다른 나라를 찾아가서 협의하거나 의견을 듣기 전에 우리들끼리 한자리에 모여 머리를 맞대고 끝장토론을 해야 한다. 국민들의 의견이나 국론을 모으지 않고 주변 강대국부터 찾아가는 정치권의 모습은 한심하기 이를 데 없다. 모든 강대국들은 자국의 이익을 최우선으로 두고 대한민국을 이용하려고 한다. 우리가 계속 보수와 진보 등 이념으로 나뉘어 대립하기만 한다면 주변국들은 대한민국을 얕잡아 볼 것이다. 국가 간 관계는 철저하게 자국의 이익 중심으로 논의되고 협상은 약육강식의 논리에 따라 이뤄지기 때문이다. 그럴싸한 '대의명분'으로 포장하는 명분론도 결코 국익에 도움이 되지 않는다.

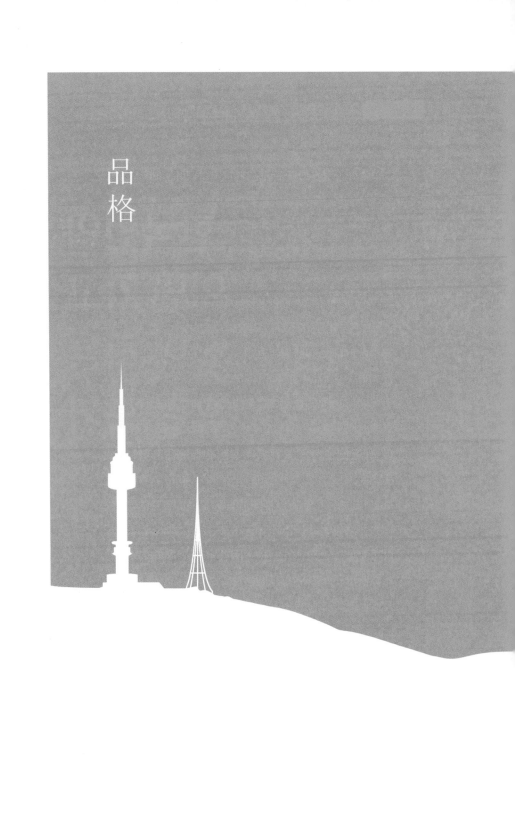

品格

PART 2

한국인이
이민 가고
싶어 하는
유럽 국가

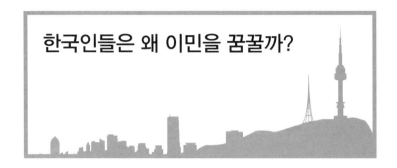

한국인들은 왜 이민을 꿈꿀까?

여러 조사기관에서 지난 10년간 발표한 국가평판 순위를 살펴보면 스웨덴, 핀란드, 덴마크 등 유럽 국가가 늘 상위권에 포함된다. 특히 최근에는 북유럽으로 이민을 가고 싶다며 구체적으로 준비하는 한국인들도 점점 더 늘어나고 있다. 왜 우리나라 사람들은 문화도, 기후도 전혀 다른 북유럽 국가를 동경하게 되었을까.

대한민국과 북유럽의 상황을 비교해보면 답이 금방 나온다. 대한민국에서는 많은 사람들이 같은 목표를 이루기 위해 과도한 경쟁을 벌인다. 수험생들은 명문대 진학에, 취업준비생들은 대기업 취직이나 공무원 시험에 매달린다. 노동 시간은 OECD 회원국 가운데 가장 긴 편이다. 한국노동사회연구소가 조사한 결과에 따르면 2015년 기준 대한민국의 연간 노동 시간은 2,113시간에 달했지만 생산성이 낮고 혁신이나 창의성은 떨어진다는 평가다. 또한 과도한 경쟁과 대립으로 사회 전체에 항상 긴장감이 흐른다. 대한민국 국민 가운데 스스로를 행복하다고 생각하거나 대한민국이라는 공동체에 소속된 것을 뿌듯하게 여기며 정서적으로 만족과 안정감을 누리는 비율도 매우 낮다.

그런 점에서 공동체를 유지하기 위해 구성원들이 함께 협의하고 지혜를 모으는 북유럽 국가들은 대한민국과 비교되는 부분이 많다. 북유럽 국가들이 개방적이고 포용적인 공동체를 어떻게 구성하고 유지하는지를 살펴보면 대한민국이 나아갈 방향을 정하는 데도 많은 참고가 된다. 미국식 자본주의와는 다른 세금제도와 복지체계, 교육 시스템, 노사협력, 다문화 수용 방법 등도 대한민국 국민들에게 통찰력을 제공해준다.

북유럽 사람들은 소득의 40%에서 60%를 세금으로 내지만 대부분 큰 불만이 없다. 본인이 낸 세금을 정부가 잘못 쓰지 않을 것이며, 직장에서 구조조정을 당해 소득이 없더라도 국가로부터 재정적 지원을 받을 수 있다는 믿음이 있기 때문이다. 정부의 투명하고 청렴한 행정 덕분에 국민의 신뢰가 꾸준히 쌓였기에 높은 조세부담률에도 조세저항을 불러오지 않았다. 이 덕분에 다양한 사회보장도 가능해졌다.

다만 여기에는 간과해서는 안 될 매우 중요한 조건이 있다. 북유럽 국가의 복지 모델은 성숙한 정치적 협의문화나 기업문화, 노사문화, 국민의 공동체의식이 없다면 결코 성공할 수 없다.* 북유럽과 같은 복지를 원한다면 경제 성장을 위한 친기업 정책, 경제성장 정책이 지금보다 더 충분히 뒷받침되어야 한다. 복지 확대를 위해서는 세금이 필요하고, 그만큼 세금을 납부할 기업들의 경쟁력이 높아져야 하기 때문이다. 이 같은 조건은 무시한 채 보편적 복지부터 실시한다면 기업 경쟁력은 추락하고 경제체력은 급속도로 약화되어 그리스처럼 국가파산을 맞이할 수도 있다. 따라서 대한민국의 국가평판이나 국가브랜드를 높이고 싶다면, 북유럽 사회 전반에 걸친 시스템과 문화부터 제대로 이해해야 한다.

지금부터 북유럽 국가들과 네덜란드의 발전 과정과 위기 극복 방법, 우리나라가 배울 점 등을 함께 알아보자.

---

* 최연혁, 《좋은 국가는 어떻게 만들어지는가》, 시공사, 2016.

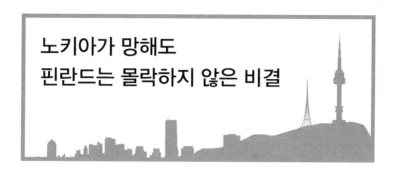

노키아가 망해도
핀란드는 몰락하지 않은 비결

'1999년 전 세계 휴대전화 시장의 30%를 점유한 세계 1위 기업.'

노키아가 세계 휴대전화 시장에서 가졌던 존재감은 위의 한 문장으로 요약된다. 핀란드 국가경제에서 노키아가 차지하는 비중 역시 계속 커져서 2005년에는 국가 GDP의 22%를 차지할 정도였다. 노키아에 부품을 납품하는 협력회사 숫자만 핀란드 내 300여 곳에 달했다. '노키아 = 핀란드'라는 공식이 성립했다. 노키아 덕분에 2005년 핀란드의 1인당 GDP는 3만 1,208달러로 세계 13위까지 올라갔다.

그러나 난공불락의 요새 같았던 노키아는 2007년 미국 애플 사의 아이폰 출시와 함께 한순간에 몰락했다. 휴대전화의 용도가 통화하고 문자를 주고받는 통신기기에서 손안의 컴퓨터 단말기로 변하면서 게임의 규칙이 완전히 바뀌었기 때문이다. 변화의 물결을 타지 못한 노키아는 2013년 마이크로소프트에 매각되고 말았다. 노키아에 많은 부분을 의존해오던 핀란드 경제 역시 큰 타격을 입었다. 핀란드에 거대한 위기가 찾아온 셈이다. 그렇다면 핀란드는 노키아의 파산이라는 악재 속에서 어떻게 살아남을 수 있었을까?

필자는 두 가지 요소가 핀란드의 국가 침몰을 막아냈다고 생각한다. 첫째는 과학기술을 중시하는 교육의 힘이고, 둘째는 정치권과 노조를 비롯한 사회 각 분야에 스며 있는 협치協治의 정신이다.

핀란드는 국가 전체가 혹독한 재정 구조조정을 하는 상황에서도 대학원까지 학비를 지원하는 무상교육만큼은 포기하지 않았다. 재원은 소득에 따라 최고 60%까지 부과되는 세금으로 충당했다. 노키아가 짧은 시간 내에 2G 휴대전화 시장에서 세계 1위로 치고 올라갈 수 있었던 가장 큰 요인 역시 무상교육으로 배출된 수많은 인재들이다. 노키아가 매각된 후에도 크고 작은 스타트업이 꾸준히 생겨나고, 대박을 터뜨리는 벤처기업으로 성장하게 된 배경도 수준 높은 기술교육을 바탕으로 잘 훈련된 인재들의 덕분이었다. 무상교육을 통해 양성된 고급 두뇌들이 민간과 공공부문에서 혁신을 주도하고, 노동생산성을 높이며 경제성장률을 끌어올림으로써 높은 세금과 노동시장의 경직성이란 약점을 극복해나가는 선순환을 이뤄낸 것이다. 이것이 사회의 그늘진 곳을 최소화하는 동시에 경제성장을 통해 사회복지에 필요한 자금을 계속 수혈받는 '핀란드 모델The Finnish Model'이다. 이 제도를 통해 핀란드는 해외에서도 국가브랜드의 가치를 높이 인정받으며 좋은 평판을 유지하고 있다.

핀란드의 교육 역시 대학 입시를 위한 대한민국의 암기식 교육과는 다르다. 핀란드의 교육자들은 사회라는 공동체에서 다른 사람과 조화롭게 어울리고, 함께 살아가는 법을 중점적으로 가르친다. 핀란드 학교의 수업시간은 우리나라와 어떻게 다를까? 2명의 교사가 들어와서 한 명은 강의를 하고, 다른 한 명은 진도를 따라오지 못하는 학생들을 개별지도하면서 개개인의 적성과 진로를 찾아주는 역할을 맡는다. 또한 핀란드는 내수시장이 작아 외국인들의 관광이나 수출에 의존하는 비중이 높다. 이에 핀란드는 영어를 비롯한 외국어 교육에 대한 투자를 아끼지 않는다. 핀란드의 전체 TV 채널 중 절반가량은 영어로 진행된다. 어릴 적부터 외국어에 지속적으로 노출되는 핀란드 학생들은 영어 구사 능력이 매우 뛰어날 수밖에 없다.

핀란드 기업의 구조조정 방식 역시 미국 기업과는 다르다. 구조조정의 목적이나 방향이 '직종 전환을 통한 산업구조 개편'에 맞춰져 있다. 구조조정 때문에 직장을 잃은 근로자들에게는 실업수당을 지급하면서 직업 전환을 위한 재교육을 무료로 시행한다. 결국 컴퓨터 엔지니어, 디자이너, 컨설턴트처럼 지식사회에 필요한 전문가들이 끊임없이 재탄생되는 것이다. 핀란드에서 산업구조 고도화를 위해 구조조정을 할 때는 전국 1,000여 곳의 성인 대상 교육기관에서 직업 전환을 위한 재교육이 이루어진다. 결과적으로 작은 기업들 역시 기술 축적이 가능하고 남다른 디자인을 바탕으로 철저한 국제화를 이룰 수 있게 된다. 이처럼 독특한 기업 구조조정 방식도 핀란드의 국가평판을 높이는 하나의 요소로 꼽힌다.

핀란드는 학생들의 학업 성취도가 매우 뛰어나고, 국가 경쟁력이나 국민 행복지수도 높은 국가로 알려져 있다. 그런데 핀란드는 우리나라와 유사점이 매우 많다. 우선 핀란드 역시 국토가 작고 자원이 부족하다. 스웨덴과 러시아의 지배를 오랫동안 받았다는 점도 대한민국과 비슷하다. 한때 핀란드는 유럽에서 가장 가난한 나라로 지목되며 '유럽의 문제아'라는 별칭으로 불리기도 했다.

그런 핀란드의 국가브랜드가 유지되고 있는 배경에는 두뇌와 기술에 대한 지속적인 투자, 공동체를 위한 이해관계자들의 협력과 정치인들의 협치, 개방적이고 포용적인 사회 분위기가 있다.

전체 수출의 20%를 소련에 의존해오던 핀란드는 1990년대 초반 소련이 붕괴하자 경제가 완전히 무너졌다. 금융위기로 기업들이 줄줄이 도산했고, 부도 위기에 내몰린 기업들은 직원들을 해고했다. 주택 가격은 50% 가까이 하락했으며 주식시장은 무려 70%가 폭락했다. 정상적인 경제운용이 어려워지자 핀란드 정부는 국민에게 배급제를 실시했다. 국가가 벼랑 끝에 몰렸다는 절박함을 느낀 핀란드 국민들은 선거를 통해 새로운 정당을 선택한다.

분배와 복지를 강조하던 사회민주당 대신 국민들에게 선택된 중도우파는 경제를 살릴 대책으로 정보통신산업 육성과 기업의 수출 확대를 기조로 정하고, 국가재정을 이곳에 대거 투입했다. 또한 의료보험 축소를 포함해 사회보험을 크게 수술했다. 기업들도 대대적인 구조조정에 나서면서 많은 사람들이 직장을 잃었다. 임금이 감소해 민간소비가 위축되자 내수경제는 빠르게 악화된 반면 수출은 생각만큼 크게 늘지 않았다. 복지 혜택조차 축소되면서 국민들이 느끼는 고통은 더욱 커졌다.

사회 전체적으로 위기감이 팽배해지자 핀란드 정치인들은 '좌파와 우파의 대타협'이라는 새로운 결단을 내린다. 시장자본주의를 강조하던 우파와 복지를 주장해오던 좌파가 힘을 모으기로 합의한 것이다. 정치인들은 분배와 성장을 동시에 이루겠다는 목표를 설정하고, 이념과 관계없이 다양한 사람들을 모아 '무지개 내각'을 꾸렸다. 이처럼 핀란드에는 다 함께 잘사는 공동체를 만들기 위해 국가의 장기적인 청사진을 모두가 지속적으로 제시하는 협력과 협치의 문화가 있다. 또한 핀란드 국회 내부에는 미래위원회가 설치되어 있어서, 30년 후의 국가 모습을 예견하는 연구를 꾸준히 하고 있다. 내각에 새로 집권하는 총리는 반드시 이 위원회에 핀란드의 15년 후 모습을 비전으로 제시해야 한다. 이 국가 비전을 기초로 각 정부 부처는 구체적으로 해야 할 일을 단계별 로드맵이나 액션플랜으로 만든다.

그 덕에 핀란드는 국가 GDP의 22%를 차지하던 대기업 노키아가 무너진 후에도 2016년 1인당 GDP 4만 3,492달러로 GDP 순위 세계 16위를 지켜냈다. 그 비결에는 모두가 힘을 합쳐 15년 후, 30년 후의 국가 미래를 전망하고 이를 바탕으로 한 산업 생태계, 그리고 새로운 성장 동력을 고민하고 준비해온 노력에 있다.

핀란드에서는 어떤 문제가 터지거나 현안이 발생하면 곧바로 정부와 각계 전문가들이 참석하는 워킹그룹Working Group을 만들고, 치열한 협의를 통해 결론을 내린다. 정치권의 입김이나 이해집단의 압력에 의해 결론이 바뀌는 경우는 거의 없다. 각계 전문가와 이해관계자들이 참여해 내린 결론인 만큼 당론에 배치되거나 지역구 주민에게 이익이 되지 않는 상황이라도 국회의원들은 워킹그룹의 합의를 존중하며 그들이 제안한 방안

핀란드 헬싱키의 의사당 광장에 세워져 있는 러시아 차르 알렉산드르 2세의 동상

을 빠르게 시행한다.

또한 핀란드 사회는 상당한 포용력을 갖췄다. 핀란드 도심의 한복판에는 자신들을 오랫동안 지배해온 스웨덴과 러시아의 왕과 장군들을 기리는 동상이 남아 있다. 식민지 시절 유물을 철거하지 않고 보존하는 이유는 아픈 부분까지 전부 역사로 받아들이려는 생각을 갖고 있기 때문으로 보인다.

물론 핀란드 사회도 해결해야 할 문제가 많다. 무엇보다 눈덩이처럼 계속 불어나는 사회복지 지출 때문에 골치를 앓고 있다. 지금까지는 무료 교육과 연구개발에 세금이 투자되기 때문에 우수한 인재 유출이 적고, 경제선순환이 이뤄진다는 믿음이 있었다. 그 덕분에 높은 세금부담률에도 사회가 유지됐지만 사회복지 지출 비용이 점점 높아지고 있다. OECD에 따르면 1980년만 해도 핀란드 GDP에서 복지가 차지하는 비중은 17.7% 정도였다. 그러나 2000년에는 비중이 22.6%로 높아졌으며 2016년에는 30.8%에 달했다.

이 문제를 해결하기 위해 핀란드 정부는 새로운 방안을 내놓았다. 2017년 1월부터 기본소득제라는 실험에 나선 것이다.* 핀란드는 세계 처음으로 국가 단위에서 기본소득제를 시행하기 시작했다. 전국 25세에서 58세 사이의 실직자 17만 명 가운데 무작위로 2,000명을 선정해서 2018년 12월까지 2년간 월 560유로(약 70만 원)를 지급하기로 했다. 기본소득은 기존 실업수당에 비해 액수가 적지만, 수입이 생기면 지급이 중지되었던 실업수당과는 달리 정규직으로 일해 근로소득이 발생해도 그대로 지급된다.

핀란드에서 기본소득을 도입한 이유는 너무 복잡하고 다양해져서 통제가 불가능해진 복지제도를 정비하고, 실업자의 근로의욕을 높이기 위해서다. 핀란드 정부는 실업 상태에서 실업수당에만 의존하던 사람들도 이제는 적극적인 구직 활동에 나

---

* 이현승, "핀란드처럼 한국도 기본소득? 출발부터 다르다", 〈조선비즈〉, 2017.1.23..

설 것으로 기대하고 있다. 지금까지 핀란드의 실업수당은 실직 전 소득의 최고 70%에 이르렀고, 실업자의 재취업이나 창업의 지를 방해한다는 비판이 계속 제기되어 왔기 때문이다. 근로소득이 생기면 이전처럼 실업수당이 사라지는 것이 아니라 기본소득에 더해 근로소득까지 얻게 되는 것이므로 실업자의 근로의욕이 높아지고, 경제도 활성화될 것이라는 게 핀란드 정부의 생각이다. 기본소득으로 인해 낮은 임금을 받더라도 일하는 사람들이 늘어난다면, 기본소득을 6~7단계로 세분화해 지급대상을 확대할 것이라는 계획도 세우고 있다. 과연 핀란드 정부의 기본소득제 실험이 성공해서 이 제도가 핀란드의 국가브랜드 가치를 더 높여줄지, 전 세계가 주목하고 있다.

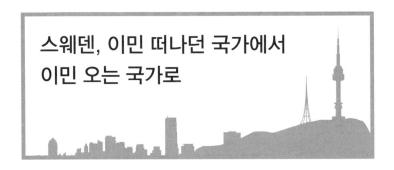

스웨덴, 이민 떠나던 국가에서 이민 오는 국가로

'겨울만 6개월인 나라, 150만 명이 이민으로 떠나갔던 나라.'

북유럽 끝자락에 위치해 있고, 척박한 자연환경을 가진 스웨덴 이야기다. 외세에 침략을 당하거나 지배당한 적은 없지만 지리적으로 강대국 사이에 끼어 있는 스웨덴은 여러모로 불리한 점이 많았다. 틈만 나면 남하하려는 러시아, 그리고 독일(프로이센)과 국경을 마주했기 때문이다.

스웨덴은 이런 불리한 지리적 환경에서도 외교적 수완을 발휘해 위기를 타개하고 실리를 잘 챙겼다.* 스웨덴은 1809년 러시아와의 전쟁에서 패배해 핀란드를 잃었지만 그들에게 반격

---

* 최연혁, 《좋은 국가는 어떻게 만들어지는가》, 시공사, 2016.

하는 대신 곧바로 전략적 동맹을 맺었다. 또 같은 시기, 왕위를 이을 후손이 없자 나폴레옹의 휘하에서 활약했던 프랑스 출신 장바티스트 쥘 베르나도트Jean-Baptiste Jules Bernadotte 장군을 후계자로 영입했다. 프랑스의 전략을 잘 알고 있던 베르나도트는 영국과 러시아의 편에 서서 나폴레옹에게 선전포고를 했고, 결국 프랑스는 패전했다. 스웨덴은 프랑스와 같은 편이었던 덴마크로부터 노르웨이를 넘겨받을 수 있었다. 인구가 적어서 전투를 치를 병사가 부족하다는 약점은 용병제를 도입해 해결했고, 국가 간 힘의 역학관계를 잘 활용해 인근 국가들로부터 전쟁에 쓸 재원을 지원받았다.

그럼에도 스웨덴은 20세기 초까지 유럽에서 상대적으로 가난한 국가에 속했다. 19세기 후반부터 1930년대까지 직장을 찾기 위해 스웨덴을 떠나 미국 등지로 이민 간 사람이 누적 150만 명에 달했다. 일각에서는 스웨덴 전체 인구의 3분의 1이 이민을 떠났다고 했다. 노조의 장기간 파업이 일상적으로 일어났으며, 군인들이 파업 중인 근로자에게 발포하는 사건까지 있을 정도로 노사갈등이 심각했다.

이런 분위기가 달라지기 시작한 것은 1938년 정부의 주선으로 스웨덴 노조단체와 사용자단체가 극한투쟁을 피하고 경제규모를 키우기 위한 노사정 대타협을 하면서부터였다. 재계는 고용안정을 위해 노력했으며 노조는 개별 기업 단위가 아닌 단일한 중앙조직으로 임금협상에 나섰다. 1951년에는 '동일노동 동일임금 원칙'이 정립되면서 산업 경쟁력도 살아나는 양상을 보였다. 대기업 근로자들은 임금을 일정 부분 양보했으며, 저임금에 의존해온 중소 규모의 부실기업들에는 구조조정이 촉진됐다. 한계상황에 봉착했던 기업들은 문을 닫았지만 해당 기업 종사자들은 다른 산업 분야에서 일자리를 찾아 더 높은 부가가치를 높이는 데 기여하게 됐다.

또 무상으로 대학 교육을 제공했고, 실업급여 지급과 활발한 직업훈련 등 복지가 확대되자 국민들은 기꺼이 세금 인상에 찬성했다. 스웨덴의 국가경쟁력은 점점 살아났으며 국제사회로부터 살기 좋은 국가라는 평판을 얻기 시작했다. 국가평판이 좋아지자 외국에서 이민을 오려는 사람들도 부쩍 늘어났다. 스웨덴 정부는 2017년 1월 말, 전체 인구 수가 1,000만 명을 돌파했다고 발표했다. 또한 최근 13년 동안에 100만 명의 인구가 증가했다고 밝혔다. 유입되는 인구 중에는 상대적으로 젊은 층이 많았기 때문에 산업생산에 필요한 노동력이 늘었으며 세수가 확대됐고 사회 전체적으로 활력이 생겨났다.

정치에서도 스웨덴 방식의 협의가 이뤄지고 있다. 1920년대 이후 스웨덴에서는 집권 여당이 과반을 점유한 경우가 단 2번 뿐이었다. 야당의 협조 없이는 여당과 정부가 효율적으로 일할 수 없는 만큼, 정치인들은 서로 협력하기 위한 방법을 최우선

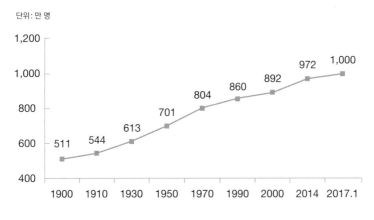

| 스웨덴의 인구 수 변화 |

단위: 만 명

출처: CIA 월드팩트북

적으로 생각한다. 스웨덴 정치의 또 하나의 특징은 여야가 협상할 때 이념이나 명분을 내세우기보다는 해결책을 찾는 데 주력한다는 것이다. 예를 들어 2006년부터 2010년까지는 4개나 되는 중도·보수정당이 연립정부를 구성했지만 서로의 의견을 조율해서 복지나 국방 분야에서 합의를 이끌어냈다.

스웨덴의 정치를 이야기할 때 빼놓을 수 없는 사람이 있다. 바로 23년간 총리로 재직했던 타게 엘란데르Tage Erlander이다.* 그는 1946년, 45세의 젊은 나이에 총리로 선출되어 20년 이상

---

* 김동열, 《고용절벽의 시대: 어떤 경제를 만들 것인가》, 티핑포인트, 2017.

직무를 수행했다. 사회민주당 출신인 그가 총리가 되었을 때, 야당은 물론 해외에서도 스웨덴 사회가 급진 좌파적으로 흘러 갈 것이라 예상했다. 그러나 그는 우려를 단번에 불식시키는 통합의 리더십을 보여줬다. 예를 들어 그는 매주 목요일마다 재계 대표와 노조 간부들을 한자리에 모아 함께 저녁식사를 하 는 자리를 마련했다. 자연스럽게 매주 정부와 재계 인사, 노동 자 대표들이 만나는 노사정회의가 열린 셈이다. 이 '목요 클럽' 에 모인 이들은 대화를 통해 이해의 폭을 넓히고 상생을 모색 했다. 엘란데르는 노조의 이해와 재계 대표들의 협력을 바탕으 로 4주일 유급 휴가제도 도입, 전 국민 연금 지급, 9년간 무상 교육 등 경제성장을 위해 다양한 조치를 취할 수 있었다.

그는 재임 기간 동안 치러진 11차례의 선거에서 모두 승리했 을 정도로 국민들의 끊임없는 신뢰를 받았다. 청렴하고 정직했 던 엘란데르는 총리직에서 스스로 퇴임한 후 임대주택에 들어 가야 할 처지에 놓이기도 했다. 기거할 집조차 없었기 때문이 다. 이 소식을 전해들은 스웨덴 국민과 소속 정당에서는 스톡 홀름 외곽의 당 연수원 부지에 주택을 마련해주기도 했다.

훌륭한 리더에 대해 이야기할 때, 엘란데르의 사례는 전 세 계적으로 여전히 회자되고 있다. 특히 스웨덴 정치 지망생들에 게 그는 귀감이자 본받아야 할 역할 모델이 됐다. 이처럼 스웨 덴은 정치적인 안정을 바탕으로 경제 성장과 사회 발전이라는

스웨덴의 국기 색을 기조로 한 이케아 매장의 모습

선순환을 이뤄냈다. 스웨덴은 국제사회에서 좋은 국가평판을
받게 됐고, 이는 국가브랜드 상승 등으로 이어졌다.

　마지막으로 스웨덴은 자국의 상품을 국가브랜드와 잘 연계
하는 것으로 유명하다. 기업브랜드와 함께 국가브랜드도 더불
어 성장하는 전략은 우리나라도 응용해볼 수 있다. 스웨덴의
대표적인 브랜드로는 대중적인 가구업체의 대명사인 이케아,
패션업체인 H&M, 투명한 색상과 독특한 모양의 병으로 유명
한 앱솔루트 보드카, 안전한 자동차라는 이미지를 가진 볼보가
있다. 이케아는 스웨덴식 가정문화를 기초로 가구와 생활용품,
가전제품 등을 판매한다. 또한 스웨덴 국기를 연상시키는 매장
디자인과 로고를 사용해 좋은 이미지를 심었다는 평가를 받는

다. H&M은 실용적이고 합리적인 스웨덴 문화를 바탕으로 한 패션브랜드이다. 특히 '다양하게, 저렴하게, 신속하게'라는 패스트패션에 대한 철학을 여성복, 남성복, 아동복, 화장품 등에 차례대로 적용하고 사업을 확장했다. 앱솔루트 보드카는 러시아 전통 술이라는 이미지가 강한 보드카에 스웨덴의 심플하고 혁신적인 디자인을 적용한 것이 특징이다. 이처럼 스웨덴은 기업브랜드의 성공이 어떻게 국가브랜드까지 끌어올릴 수 있는지를 보여주는 모범 사례가 됐다.

'세상에서 가장 행복한 나라' 덴마크

덴마크라는 나라 이름을 들으면 블록완구 레고나 유제품이 먼저 떠오를 것이다. 그런데 우리가 덴마크에 대해 가장 주목해야 할 부분은 바로 덴마크 국민이 전 세계에서 가장 행복한 사람들로 꼽힌다는 점이다. UN은《2016년 세계 행복보고서 World Happiness Report 2016》를 통해 세계에서 행복지수가 가장 높은 나라가 덴마크라고 발표했다. 그 다음이 스위스, 아이슬란드, 노르웨이, 핀란드 순이다. 꼴찌(157위)로는 부룬디가 꼽혔고 시리아(156위), 토고(155위), 아프가니스탄(154위)도 최하위 그룹에 속했다. 덴마크는 OECD가 조사한 '더 나은 삶의 질 지수'에서도 조사대상인 38개국 가운데 3위를 차지했다.

한편 대한민국은 UN의 행복지수 조사에서 순위가 계속 하락하고 있다. 2013년에는 41위였지만 2015년에는 47위, 2016년에는 58위로 추락했다(2017년 조사에서는 56위로 소폭 향상됐다). OECD 회원국 중에서는 34개국 중 27위로 매우 낮은 순위다.

덴마크 국민들은 자신들이 행복을 느끼는 비결로 '휘게Hygge'를 꼽는다. 휘게는 아늑함이나 편안함으로 풀이할 수 있다. 덴마크인들은 가족과 저녁식사 후 휴식을 취하며 느끼는 편안함이나 촛불을 켜고 맛있는 음식을 먹으며 다정한 대화를 나눌 때 느끼는 행복이 대표적인 휘게의 사례라고 말한다. 자신의 분수에 만족할 줄 아는 소박한 삶처럼 휘게를 다소 철학적으로 정의하는 사람들도 있다.

2016년 연말 대한민국을 찾은 덴마크 행복연구소장이자 《휘게 라이프, 편안하게 함께 따뜻하게》의 저자인 마이크 비킹Meik Wiking은 우리나라의 독특함을 지적하며 "대한민국은 단기간에 엄청난 속도로 경제적 성장을 이뤘다. 부를 축적했지만 삶의 만족도가 높지 않다는 점에서 대한민국은 행복 연구에 있어 상당히 흥미로운 나라"라고 말했다. 그는 한국인의 행복지수가 낮은 배경으로 끊임없이 남들과 비교하는 사회적인 분위기를 꼽았다. 지금 가진 것에 만족하지 않고 다른 사람이 얼마나 소유했는지를 스스로와 계속 비교하며 남들보다 더 가져야 행복을 느끼는 경우가 많기 때문에, 반대로 불행하다고 느끼는 사람도 많다는 설명이다. OECD 회원국 가운데 자살률이 가장

| 주요 국가 행복지수 순위 |

순위 ▼

단위: 점

덴마크	1	7,526
스위스	2	7,509
아이슬란드	3	7,501
노르웨이	4	7,498
핀란드	5	7,413
캐나다	6	7,404
네덜란드	7	7,339
뉴질랜드	8	7,334
호주	9	7,313
스웨덴	10	7,291
미국	13	7,104
일본	50	5,921
대한민국	58	5,835
중국	83	5,245
부룬디	157	2,905

출처: 《2016년 세계 행복보고서》, 2013~2015년 3년간의 평균점수로 산정

높다는 것이 단적인 사례라고 제시했다.

실제로 그가 소장으로 있는 행복연구소에 가장 많이 문의하는 사람들 역시 한국인이라고 한다. 그는 소득이 일정 수준 이상 되면 돈을 더 번다고 해서 행복해지지 않는 만큼 직장과 개인의 삶 사이에 균형을 잡는 것이 더 중요하다고 조언했다. 실제로 노벨경제학상을 받은 대표적인 행동주의 경제학자인 대니얼 카너먼Daniel Kahneman 교수에 따르면 미국인을 기준으로 연간 소득이 6만 달러(약 6,900만 원)를 넘을 경우, 소득의 증가가 더 이상 행복도를 높여주지 못하는 것으로 나타났다. 소득과 행복이 반드시 비례하지는 않는다는 이야기이다.

사실 행복에 큰 영향을 미치는 요소 중 하나는 바로 고용의 안정성이다. 덴마크 사람들은 직장에서 구조조정당하는 것을 크게 겁내지 않는다. 실직을 하더라도 2년간 실업 이전에 받던 급여의 90%를 받기 때문이다. 따라서 많은 덴마크 사람들이 실업 기간을 활용해 새로운 기술을 익히거나 자격증을 취득해서 새로운 직장을 잡는다. 회사 측에서는 사업 환경의 변화에 따라 인력감축이나 증강을 쉽게 할 수 있고, 근로자 입장에서는 재취업 때까지 충분한 실업수당을 받으며 재교육 기회를 가지는 등 발달된 사회보장 제도를 활용할 수 있으므로 노동시장의 유연성 확대에 동의하기가 쉬워진다. 최근 들어서는 덴마크도 '일하는 복지'를 내세워 실직자 재교육을 강화하고 있다. 대표적인 것이 스텝모델Step Model이다. 실업자는 최장 6주간 직업 센터에서 간단한 기술을 배울 수 있다. 그 이후 공공기관이나 일반 회사에서 실전 감각을 익힌다. 마지막으로 지자체에서 임금 보조금을 받으면서 적당한 일자리에 단기 취업하게 된다.

마이크 비킹은 행복을 느끼는 데 사회적 관계나 사람들과의 관계 역시 중요하다고 설명했다. 삶이 힘들거나 외로움을 느낄 때 상담하거나 기댈 수 있는 가족, 친구, 이웃, 직장 동료 등과 좋은 관계를 유지하고 감정을 공유하는 것이 중요하다는 이야기다.

그는 덴마크가 세계에서 가장 행복한 나라라는 국가평판을 얻게 된 배경에 대해서도 설명했다. 대다수 덴마크인들은 기본적인 삶의 요건이 충족될 경우, 더 많은 돈이 행복을 가져다주지 못한다는 사실을 안다. 부富와 행복을 분리해서 생각한다는 이야기다. 그 대신 자신의 삶의 질을 높이고 기쁨을 느끼게 하는 것을 찾아 스스로를 보다 행복하게 만드는 쪽을 택한다. 이를 위해 국가 역시 돈을 최우선으로 하는 것이 아니라 국민이 행복할 수 있는 제도를 만들고 사회의 큰 틀을 개선해야 한다고 조언했다.

덴마크의 국가평판이 좋은 이유 중 하나는 교육에 있다. 대한민국처럼 우수한 인재를 양성하거나 1등만을 목표로 삼는 교육과는 정반대다. 어릴 때부터 개개인 모두가 자신의 길을 찾고 공동체 안에서 가치 있는 일을 한다는 존재감을 갖도록 가르친다. 교사나 학부모도 학생 각자가 개성과 능력을 계발해 행복을 찾고 공동체 안에서 자신만의 역할을 할 수 있도록 유도한다. 예를 들어 의무교육은 아니지만 상당수 학생이 고등학교 진학 전 1년간 '애프터 스콜레Efterskole'*에 다닌다. 그곳에서 다양한 신체활동과 단체활동을 습득하며, 그 과정에서 공동체 의식을 기르고 자신의 흥미나 강점 등을 발견하게 된다. 덴마크 사람들은 어렸을 때부터 주체적으로 인생을 설계하고 본인에게 맞는 직업이나 진로를 선택할 수 있도록 배우는 셈이다.

* 김동열, 《고용절벽의 시대: 어떤 경제를 만들 것인가》, 티핑포인트, 2017.

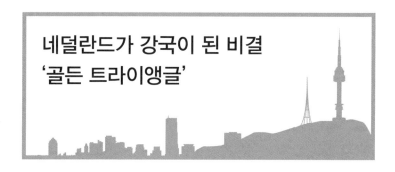

네덜란드가 강국이 된 비결 '골든 트라이앵글'

　네덜란드는 전체 인구가 1,700만 명으로 내수시장이 작은 편이고 대외 무역의존도가 높다. 1648년 이전까지 오랜 기간 동안 스페인의 지배를 받기도 했다. 이처럼 네덜란드는 식민통치 시절을 겪은 작은 나라라는 점에서 대한민국과 유사한 측면이 있다.

　네덜란드는 활발한 무역, 종교와 사상의 자유를 중시하는 개방정책을 전면에 내걸면서 부흥기를 맞았다. 자유를 찾아 우수한 인재들이 대거 망명해왔기 때문이다. 특히 17세기 초 신교도들이 종교의 자유를 찾아 인근 유럽 국가에서 네덜란드로 이주해왔다. 이들 가운데는 상당한 자금력을 갖춘 자본가들도 있었다. 철학자 데카르트Descartes를 비롯해 프랑스와 영국의 사상가, 유대인들도 네덜란드로 몰려들었다. 결국 네덜란드는 17세기 초에서 18세기 동안 국제 무역거래와 세계 금융시장의 중심이 됐다. 그러나 네 차례에 걸친 영국과의 전쟁에서 패배하면서 네덜란드는 급속히 쇠락의 길을 걷게 됐다. 영국에 해상무역로를 빼앗기면서 18세기 말에는 해양강국의 지위마저 잃어버렸다.

이후 1950년대 천연가스가 발견되며 네덜란드 경제는 다시 발전했으나 1970년대 두 차례의 오일쇼크로 또다시 위기를 맞았다. 유가 급등으로 물가가 폭등했으며 실업률이 치솟고 성장세는 꺾였다. 국가재정이 고갈되고, 국가부채는 눈덩이처럼 불어났다. 네덜란드는 1981년부터 2년 연속 마이너스 성장을 하면서 1983년까지 3년간 30만 명이 일자리를 잃었다. 1984년에는 청년실업률이 무려 30%를 웃돌 정도로 상황이 악화됐다.

당시 네덜란드는 정부 승인 후에야 기업에서 근로자를 해고할 수 있는 '해고승인제도'를 운영하고 있었기 때문에, '유럽에서 해고가 가장 어려운 나라'로 꼽혔다. 과도한 사회보장으로 새로운 일자리를 찾기보다 실업수당에 의존하겠다는 근로자들이 너무 많다는 비판도 일었다. 이를 '네덜란드 병'이라고 표현하기도 했다. 네덜란드의 노사정은 1982년 양보와 타협을 토대로 임금 인상을 억제하고 근로 시간을 단축해 일자리를 창출한다는 내용을 담은 바세나르 협약을 맺었다. 노조는 9%의 실질임금 감소를 받아들였고 사측은 근로 시간을 5% 단축해 고용을 유지하기로 했다. 이 같은 노사의 고통분담 노력 덕에 실업률은 1990년대 후반 3%까지 떨어졌다. 또한 1999년에는 고용 유연성Flexible과 안정성Security을 동시에 고려한 플렉시큐리티Flexicurity법을 시행했고, 시간제 근로자나 임시직 등 비정규직 근로자도 정규직과 똑같은 고용보장 권리를 갖도록 했다.

이렇듯 네덜란드가 꾸준히 사회적 합의를 이루어갈 수 있는 이유는 정치인들이 국가평판이나 국가브랜드에 관한 철학을 토대로 정책을 입안하고 개선해나가기 때문이다. 네덜란드의 전 총리 얀 페테르 발케넨데Jan Peter Balkenende는 2010년 방한 당시 〈매일경제〉와의 서면 인터뷰에서 국가평판에 대한 본인의 생각을 밝혔다. 그는 네덜란드가 비록 작은 나라이긴 하지만 세계화를 지향하며 협력을 추구한다고 말했다. 또한 국가브랜드 강화를 위해 늘 3가지 질문을 던진다고 소개했다. 3가지 질문은 '세계에서 네덜란드의 이미지는 어떠한가', '네덜란드 국민이 원하는 국가이미지는 무엇인가', '원하는 이미지를 위해 정부는 무엇을 할 수 있는가'이다.

네덜란드가 농업을 비롯한 다양한 산업에서 강국으로 자리매김할 수 있었던 비결로는 골든 트라이앵글Golden Triangle 전략을 꼽았다. 즉, '기업가정신' 향상과 '교육' 강화, 정부가 주도하는 철저한 '연구'가 서로 유기적으로 작용한다. 대학교가 지식

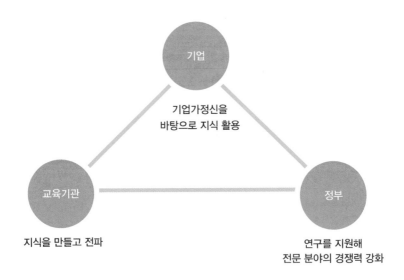

을 만들고 전파하면, 기업가들은 이 지식을 활용해 수익을 만든다. 정부는 연구를 지원하고 전문 분야의 경쟁력 강화를 후원한다. 이 과정을 통해 지식의 개발과 확산이 이뤄진다.

네덜란드 농민들이 정부 보조금에 의존하지 않고도 국제 경쟁력을 갖게 된 비결 역시 네덜란드에서 농민은 철저한 기업가이기 때문이다. 농민은 시장이 요구하는 것을 생산하며 생산 과정 전체를 꿰뚫고 있다. 즉, 소비자가 궁극적으로 식탁에 올려놓길 원하는 것이 무엇인지 잘 알고 스스로가 혁신적이고 효율적인 기업가의 자세를 견지하는 것이다.

네덜란드에 직접 가보니…

수년 전 네덜란드로 출장을 가서 닷새 동안 머무른 적이 있다. 네덜란드를 방문하기 전에는 네덜란드에 대해 지표면이 해수면보다 낮아서 풍차가 많고 튤립 등 원예가 발달한 국가라는 이미지만 있었다. 직접 둘러본 네덜란드의 첫인상은 바다에 인접해 있고 산을 찾아볼 수 없어서 시야가 탁 트인 평야로 국토 전체가 이뤄졌다는 것이었다.

전체적인 국가 분위기는 매우 개방적이고 자유로웠다. 대마초(마약)를 재배하는 것은 엄격하게 금지하고 있지만 유통과 소비는 가능해서 카페에서 자유롭게 대마초를 피는 남녀를 목격하고 충격을 받았다. 성매매를 금지하고 있지 않은데도 성범죄율이 미국이나 유럽 등에 비해 매우 낮다는 이야기를 듣고 또 한번 놀랐다. 현지 가이드는 네덜란드 정부의 마약에 대한 철학과 정책 방향을 설명해줬다. 마약은 정부가 엄격하게 규제하면 할수록 음지로 숨게 되고, 음성적으로 거래되는 마약은 가격이 천정부지로 뛰게 된다. 결국 마약 공급자들이 범죄조직과 결탁해서 큰 이득을 챙기게 되는 부작용이 생긴다. 그러므로 마약 소비자들을 범죄자가 아닌 환자로 여기고 아주 싼 가격에 소량의 마약을 제공하면서 차츰 마약의 덫에서 빠져나오도록 치료한다는 것이다. 즉, 네덜란드 정부가 직접 개입해 마약의 수요를 줄이고 마약 가격도 떨어뜨려서 마약 공급업자들이 개입할 여지를 줄여 버린다고 설명했다. 마약 브로커들은 마약 중독자를 꾸준히 늘려가는 방법으로 지속적인 수익을 올리는데 네덜란드에서는 마약 구입과 치료가 합법인 만큼 마약 브로커가 돈을 벌 수 없고 상대적으로 마약 중독율도 낮아진다는 논리다.

네덜란드 곳곳을 차량으로 이동하면서는 도로가 매우 효율적으로 설계되어 있다고 느꼈다. 교통량이 많아서 심한 정체 현상을 빚을 것으로 예상되는 지역은 좌우로 빠져나갈 수 있는 샛길을 만든다거나 약간 돌아가더라도 차들이 계속 움직일 수 있는 시스템을 택했다.

네덜란드의 이곳저곳을 둘러보면서, 발상을 전환하면 우리나라의 약점도 강점으로 바꿀 수 있다는 생각을 해보았다. 네덜란드는 국토가 바다보다 낮아서 언제라도 침수될 수 있다는 취약점이 있었지만, 땅을 개간하고 체계적으로 관리하는 노하우를 쌓아 극복했다. 이를 바탕으로 다양한 화훼를 수출하고 세계에서 내로라하는 농식품 집적단지를 키워내는 농업강국으로 도약할 수 있었다. 농민들도 자부심을 갖고 농사에 전념하면서 4대, 5대에 걸쳐 축적된 농업 기술을 후대에 전수하고 있다. 첨단 원예

자재회사가 나왔고 농업경영 컨설팅 회사도 탄생했다. 지금은 최첨단 유리온실과 정교한 온실 운영시스템을 배우기 위해 세계 각지에서 네덜란드를 찾는 사람들의 발걸음이 이어지고 있었다. 또 네덜란드에서 만난 택시 기사들은 모두 영어를 자유롭게 구사했다. 그뿐만이 아니다. 출장 당시 장난기가 발동해서 택시 기사에게 고등학교 때 배운 서툰 독일어로 인사를 건넸더니 그는 영어와 비슷한 수준의 독일어를 쏟아냈다. 결국 필자의 독일어 실력이 짧다는 것만 확인했던 순간이었다.

네덜란드 사례를 통해 정부의 규제에 대한 다양한 시각이 존재한다는 것을 알 수 있다. 인간의 기본적인 본성과 욕구를 제도나 행정조치를 통해 무리하게 규제할 경우 반드시 생각하지 못했던 부작용이 생기게 된다. 자칫하면 이 부작용이 규제를 모두 풀어 줬을 때의 피해보다 더 커질 수도 있다.

언론의 자유를 포함해 국민들에게 더 자유로운 선택을 허용하는 국가의 모습도 확인할 수 있었다. 정부의 행정이나 제도 속에 녹아 있는 솔직함과 자유로움이 국가의 이미지나 국가평판에 긍정적으로 작용하고 있었다.

대한민국의 리더와 공동체의 품격은?

2016년 여름, 한·중·일 3국 언론인 교류 프로그램TJEP 참석 차 일본 교토를 방문했다가, 정보통신 부품과 파인세라믹 제품을 만드는 기업 교세라에 들렀다. 교세라 본사 옆 건물에는 창립자인 이나모리 가즈오稲盛和夫 명예회장의 기념관이 있다. 그곳에는 가난한 가정에서 태어났고 지방대 출신의 그의 인생사와 1959년 교세라를 창업한 계기 등 기업의 성장 과정이 소개되어 있다. 이곳에서는 최고경영자로서 끊임없이 자신의 경영철학을 점검하고 품격을 높이기 위해 인격을 도야하는 이나모리 회장의 경영철학에 대해서도 알 수 있다. 기념관 안내를 맡은 홍보 책임자는 호주머니에서 《교세라 철학 수첩》을 꺼내 보여주면서, 이나모리 회장의 철학을 담은 이 작은 수첩이 자신의 행동지침이라고 강조했다. 교세라의 모든 임직원들이 매년 한 번씩 교세라의 철학을 되새기고 심기일전하는 세미나도 갖는다고 했다.

기념관 3층에는 이나모리 회장이 만든 성공방정식이 적혀 있다. 인생과 업무에서의 성공은 '태도×열정×능력'이란 공식으로 요약된다는 것이다. 중요한 건 이들 3가지 요소가 덧셈이 아니라 곱하기로 완성된다는 점이다. 아무리 열정과 능력이 뛰어나도

태도(가치관)가 잘못되었다면 기업과 사회에 부정적인 영향을 미친다. 만일 다른 사람을 속여서라도 최대 성과만 올리면 된다는 태도를 가졌다면 그 결과물은 마이너스 100점짜리 실패한 인생이란 얘기다.

이 태도에는 타인에게 피해메이와쿠, 迷惑를 주지 말라는 일본인 특유의 공동체의식도 포함되어 있다. 빠른 속도보다는 방향을, 결과 못지않게 과정을 중시하는 일본 사회의 특성이 내포된 셈이다. 또한 홍보 책임자는 본인을 예로 들면서 "자신은 입사 때 별다른 능력이 없었지만 교세라에서 올바른 태도로 30년 넘게 일하다 보니 당초 기대했던 것 이상으로 좋은 성과를 올리면서 보람찬 회사 생활을 하고 있다"고 말했다.

교세라는 경영에 관한 거의 모든 수치를 임직원이 공유한다. 먼저 비용을 기초로 생각하는 것이 몸에 배었다. 모두가 해당 부서에서 쓴 지난달 비용을 공유한다. 이 비용을 제대로 알고 있는 직원들은 퇴근 시 사무실의 전등을 끄는 등 자발적으로 비용을 줄이기 위해 나선다. 교세라는 회사에 닥친 위기도 이나모리식式으로 극복했다. 1973년 오일쇼크가 발생하자 고객 주문이 10분의 1로 줄어들면서 창사 이래 최대 위기에 봉착했다. 이나모리 회장은 전 사원의 고용을 보장하는 대신, 신제품 개발과 판로 다양화를 전 직원이 함께 고민하자고 독려했다. 또한 리더부터 솔선수범하자며 관리직 임금부터 삭감했다. 평소 회사 정보가 투명하게 공개됐기에 회사 상황을 잘 아는 직원들은 혼연일체가 되어 필사적으로 위기 극복에 나섰다. 이듬해 위기가 일단락되자 이나모리는 전년 분까지 포함해 임금을 올려줬으며 특별 상여금까지 제공했다.

1975년 교세라의 주식은 일본증권거래소에서 거래되는 주식 가운데 최고가를 기록하기도 했다. 2016년 기준, 교세라는 전 세계에 6만 9,000명의 임직원을 두고 매출 16조 6,750억 원, 당기순이익 1조 2,280억 원을 거뒀다. 또한 강철보다 강한 파인세라믹 등 전 세계 어느 기업도 따라올 수 없는 독보적인 온리원Only One 기술을 여러 가지 보유하고 있다.

이나모리는 단순히 경영자에 머물지 않고 인생철학, 기업의 역할과 공동체에 대한 책무 등에 대해 일깨워준다. 교세라는 평범한 사람도 올바른 태도나 가치관을 갖고 노력하면 비범한 성과를 거둘 수 있다는 것을 실제로 증명해보였으며, 이제는 회사의 품격을 높이는 작업까지 하고 있다.

눈을 대한민국으로 돌려보자. 우리 사회에도 뛰어난 능력을 가진 사람들이 많다. 그러나 이들 중 상당수는 자신의 이익을 위해서 수단과 방법을 가리지 않는다. 경영철학을 직원들과 공유하지 못하고 독불장군처럼 굴거나 경영의 투명성을 외면하는 경영자들도 많다. 그런 점에서 이나모리의 철학과 삶의 태도는 우리에게 큰 울림을 준다. 특히 조부모나 부모로부터 기업을 물려받은 재벌 2·3세들은 서민들의 삶이나 애환을 잘 모르는 경향이 있다. 물질적 어려움을 경험한 적이 없고 주위로부터 떠받들여진 사람일수록 자신의 회사가 어떤 철학으로 운영되고 있는지, 그 철학이 직원들 사이에서 제대로 공유되고 있는지를 살펴봐야 한다.

대한민국에도 건전한 기업이념으로 회사를 설립하고 경영하는 기업과 기업가들이 있다. 대표적인 예가 유한양행을 설립한 유일한 박사이다. 또 작은 빵집에서 출발했지만 직원들 및 지역공동체와 상생하기 위해 노력해온 성심당도 있다. 이처럼 매출이나 이익 증가와 같이 외형적인 성장과 함께 내적인 성숙을 추구해온 기업들이 대한민국에도 많이 있다. 이런 기업을 일군 재계 지도자의 철학과 회사의 품격을 높이기 위해 노력한 사례를 발굴하고 이를 후배들에게 스토리텔링 방식으로 전하는 노력도 필요하다.

PART 3

국가브랜드가
좋은 나라는
무엇이 다를까?

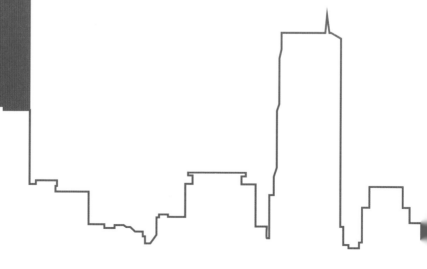

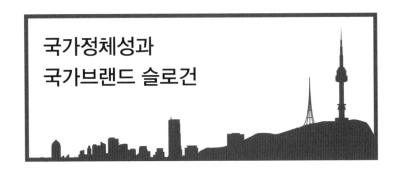

국가정체성과 국가브랜드 슬로건

영국 출신의 국제마케팅 컨설턴트인 사이먼 안홀트Simon Anholt 는 국가의 정체성을 하나의 요소나 단어로 요약해야 한다고 주장한다. 정체성을 하나의 단어로 압축할 수 있다면, 국가브랜드 역시 쉽고 간결하게 정의할 수 있다는 것이다. 예를 들어 이탈리아 제품에는 '섹시함'이라는 이미지, 프랑스 제품에는 '멋'이라는 이미지, 독일 제품에는 '견고하다'는 이미지가 있다고 설명했다.

물론 하나의 특정한 단어가 과연 나라 전체를 대표할 수 있을까 의문을 가질 수 있다. 그러나 세상이 복잡해지고, 국가 규모가 커지고 있으며, 소통 채널의 수가 증가하고 있다. 그만큼 브랜드를 단순화시키고, 더욱 강력하게 보여줘야 한다는 요구도 점점 커지고 있다. 아주 작은 나라조차 불특정한 외부인들과 아주 다양한 방식으로 소통한다. 내부 인력을 상대적으로 쉽게 통제할 수 있는 기업과 달리, 국가는 정보를 만들고 세계인과 소통하는 개개인을 세세하게 통제할 수 없다. 따라서 선진국에서는 이미 국가브랜드의 중요성을 깨닫고 국가브랜드를 강화하기 위해 총력전을 벌이고 있다.

사람들이 의미를 더 쉽게 받아들이도록 하려면 메시지는 간결할수록 좋다. 안홀트는 국가브랜드 슬로건을 만드는 과정을 증류Distillation라고 말한다. 복잡하고 다양한 정보 중에서 농축액을 추출하는 과정에 비유한 것이다. 국가의 정체성은 기억하기 쉬운 하나의 이미지로 존재하다가 필요할 경우 언제라도 구체적이고 다양한 내용을 추출해낼 수 있어야 한다.

국가브랜딩의 대표적인 사례로는 태국을 들 수 있다. 태국은 '경이로운 나라Amazing Thailand'라는 슬로건으로 전 세계인들에게 사랑받는 관광지가 되었다. 또한 폴란드는 '자연스런 선택The Natural Choice', 스위스는 '여러분의 휴일Your Holiday'을 국가슬로건으로 내걸고 브랜딩하고 있다. 이 슬로건들은 음식이나 유적지, 자연 등 세부사항을 내세우기보다는 자국의 다양한 면들을 하나로 담아낸 증류액과 같은 역할을 하고 있다.

최근에는 거의 모든 상품이나 서비스가 브랜딩 과정을 거친다. 심지어 사회현상이나 사회운동도 브랜딩되어 활용되고 있다. 2011년 미국 금융의 중심지인 월스트리트에서는 점점 더 심화되는 양극화와 승자독식의 세계화에 반대해 99%의 일반 시민이 주로 상류층 1%가 일하는 거리를 점령하는 '오큐파이 시위', 즉 월스트리트 점거 시위Occupy Wall street가 벌어졌다. 그런 데 시위에 참여하지도 않고, 시민들과 이윤을 나눌 의향도 없는 사람들이 이 시위의 메시지를 담은 티셔츠를 만들어서 판매 했고, 이익을 얻었다. 이는 사회현상이나 사회적 움직임 역시 브랜딩 과정을 거치면서 소비되고 있다는 것을 보여준다. 모든 것이 브랜드로 만들어지고, 그 브랜드에 사람들이 반응하는 시대가 온 셈이다.

서비스 분야에서 혁신적인 디자인으로 명성을 얻은 헌터 투라Hunter Tura는 2016년 〈매일경제〉가 주최한 제17회 세계지식 포럼에서 "21세기라는 용어는 이미 흘러간 옛 단어가 됐다"며 "이제는 22세기 국가브랜드 창출을 위해 나서야 한다"고 조언 했다. 그는 "기존에는 브랜드를 기업들이 상업적 용도에 사용 했지만 이제는 국가와 도시 모두가 공공브랜드를 창출해서 국민들에게 공간이나 제품(서비스)의 가치를 전달해야 한다"고 밝혔다.

헌터 투라는 공공브랜드를 창출하고 본격적으로 활용하는 대표적인 도시로 브라질 상파울루를 들었다. 지난 20년간 상파울루는 기업들처럼 브랜드 전략과 실행에 대해 생각해왔으며,

이제는 법인체처럼 진화해서 스스로 마케팅하고 관광객을 유치하고 있다는 게 그의 설명이다.

헌터 투라는 "대한민국은 산업디자인과 그래픽디자인 분야에서 새롭게 부상하는 국가로서 지난 1998년 첫 방한 당시와 비교해보면 정말 많은 진보를 이뤘다"고 평가했다. 또한 그는 세계 시장의 소비자들이 점점 더 브랜드에 대한 충성심이 강해져서 돈을 좀 더 내더라도 고급스런 브랜드를 소비하는 경향이 강해지고 있다고 덧붙이며, 브랜드의 중요성을 강조했다.

Part 3에서는 국가브랜드를 마케팅과 접목시켜 상당한 성공을 거둔 것으로 평가되는 뉴질랜드를 비롯해 영국, 독일, 일본 등의 사례를 다룬다. 그중에서도 대한민국에 통찰력을 제공하거나 참고가 될 만한 부분을 중심으로 서술했다. 선진국들의 성공 사례는 대한민국이 국가브랜드 가치를 높이기 위해 어떤 전략을 짜고 실행해야 할지 힌트를 제공할 것이다.

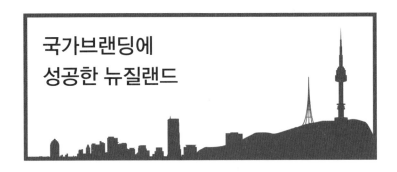

국가브랜딩에 성공한 뉴질랜드

    뉴질랜드는 국가브랜딩에 성공한 대표적인 나라로 꼽힌다. 뉴질랜드는 자국에서 생산되는 제품이나 주요 산업분야에 순수하다는 이미지를 담아 '순수 100% 뉴질랜드100% Pure New Zealand'라는 슬로건을 정하고, 대대적인 캠페인을 벌였다. 그 결과 1999년에는 160만 명이던 외국인 관광객 숫자가 8년 만에 연간 245만 명으로 53% 가량 증가했으며, 2001년부터 2006년 사이에는 와인 수출도 7배 이상 늘어났다.*

    뉴질랜드의 국가브랜딩 성공은 하루아침에 이뤄진 것이 아니다. 뉴질랜드의 슬로건은 뉴질랜드 정부가 1992년 국가브랜드

---

* 윤정인, 《코리아 브랜드 파워》, 매일경제신문사, 2010.

타당성조사를 실시했을 때부터 꾸준히 논의되었으며, 1997년 7월에야 자국의 순수하고 '자연적인 이미지'가 슬로건으로 적합하다는 최종 결론이 내려졌다. 그 후 뉴질랜드 관광청과 무역진흥청은 1999년부터 단일화된 국가브랜드를 전 세계를 대상으로 한 캠페인에 활용하기 시작했다. 뉴질랜드를 홍보할 국가를 정하고, 타깃 국가의 방송과 잡지 등에 약 8개월간 집중적으로 캠페인을 전개했다. 4,100만 뉴질랜드달러(약 340억 원)를 홍보예산으로 투입해 주요 국가의 방송에서 이 슬로건이 2만 6,000회나 방영되도록 한 것이다. 뉴질랜드의 국가슬로건은 국가정체성을 적확하게 표현함으로써 외국인들에게 뉴질랜드에 대한 호기심을 불러일으켰으며 뉴질랜드산 제품 수출 부문에서도 긍정적인 전이효과를 거뒀다.

이 캠페인이 관광과 농축산품 수출 분야에서 대대적인 성공을 거두자 뉴질랜드 정부는 후속으로 '새로운 생각New Thinking' 브랜드 캠페인을 시작했다. 차세대 산업으로 주목받는 문화예술과 정보통신, 바이오 기술에 대한 뉴질랜드 안팎의 관심을 높이고 투자자들을 유치하기 위한 목적이었다.

다만 두 캠페인을 경쟁시키거나 대체하지 않고 동시에 병행함으로써 전 세계 소비자들의 머릿속에 구축된, 순수한 자연을 가진 국가이미지에 혁신과 참신성이란 이미지를 추가했다. 2003년부터는 '새로운 생각' 브랜드 캠페인을 활용해 IT 분야

뉴질랜드 정부는 국기에 영국 연방의 상징물이 들어가 있고, 호주 국기와 잘 구분되지 않는 자국의 국기를 교체하기 위해 나서기도 했다. 그러나 이 계획은 2016년 투표 결과 최종적으로 무산되었다. 그림은 펀마크를 활용해 만들어진 뉴질랜드 국기 후보작들.

의 새로운 틈새시장 공략에 박차를 가했다. 아울러 뉴질랜드 정부의 품질보증제도인 퀄마크Qualmark를 활용해 관광업계의 자발적인 참여를 유도하며 관광 서비스의 품질을 높였다. 뉴질랜드가 국가브랜드 캠페인으로 가시적인 성과를 거둘 수 있었던 이유는 이처럼 관광청 주도의 '순수 100% 뉴질랜드' 캠페인과 무역진흥청 주도의 '새로운 생각' 캠페인이 유기적으로 연결돼 시너지 효과를 냈기 때문이다.

뉴질랜드는 2013년, 여기서 한걸음 더 나아가 국가브랜드를 확장하고 브랜드 정체성을 재정립하기 위해 총리 주도로 '뉴질랜드 이야기New Zealand Story' 프로젝트를 출범했다. 외국인 관광객 유치를 늘리는 동시에 선진적인 기업 경영 환경과 무역·투자 파트너로서의 매력을 대외적으로 제대로 알리자는 취지에서다. 이를 위해 전 세계 사람들이 관심을 가질 만한 소재를 전면에 내세웠다.

예를 들어 프리미엄 유기농 차를 만드는 회사 '질롱Zealong'이나 영화《반지의 제왕》을 제작한 영화사 '파크로드포스트Park Road Post' 등을 재미있는 스토리텔링 방식으로 소개했다. 뉴질랜드에서 재배되는 양치식물 잎 모양의 펀마크Fern Mark를 만들어서 소비자 마케팅이나 스포츠 행사 등에서 쓰기도 했다. 뉴질랜드 자연환경이나 이미지를 떠오르게 함으로써 국가의 실체(정체성)와 절묘하게 조화를 이루도록 한 것이다. 뉴질랜드의 슬로건은 국가브랜드를 고민하는 우리들에게 상당한 참고가 될 것이다.

영국의 또 다른 힘 '콘텐츠'

영국은 2016년 안홀트GfK 국가브랜드지수 평가Anholt-GfK Nation Brands Index에서 50개국 가운데 3위를 차지했다. 미국(1위)과 독일(2위)에는 미치지 못했지만 영국 역시 조용하고 차분하게 국가브랜드를 높이고 있다.

기본적으로 영국은 자국의 언어인 영어가 만국 통용어로 쓰이고 있다는 사실과 자국의 제도가 세계의 표준이자 다른 나라에서 벤치마킹하는 대상이라는 점에 긍지를 갖고 있다. 예를 들어 골프 대회 이름을 'The Open'으로, 경제주간지 이름을 〈더 이코노미스트The Economist〉라고 짓는 등 정관사(The)를 붙임으로써 굳이 자신들의 입으로 말하지 않더라도 영국에 권위와 역사가 있다는 사실을 은연중에 내비친다. 정통 언론임을 자랑하는 BBC나 로이터통신, 〈타임스The Times〉, 〈파이낸셜타임스 The Financial Times〉 등을 활용해 국제사회의 여론을 주도하고 상당한 영향력을 행사하기도 한다. 또한 영국은 영국박물관 등 역사와 권위를 자랑하는 문화재나 문화유적, 예술작품 등을 통해 국가의 이미지를 오랜 전통의 권위나 고풍스런 웅장함, 품격 등에 초점을 맞춘다. 이를 종합해서 영국은 2012년부터 '위대한 영국Great Britain' 캠페인을 벌이고 있다.

영국 정부와 영국인들은 한때 영국이 전 세계 곳곳을 지배하며, '해가 지지 않는 나라'라고 불렸다는 역사에 자부심이 강하다. 따라서 막대한 홍보비를 들여 떠들썩한 이벤트나 마케팅을 펼치기보다는 자국이 갖고 있는 네트워크나 언론, 교육, 문화를 통해서 국가브랜드를 제고하고자 한다. 영국 정부는 각각 정부기관과 연계해 세계 곳곳에 퍼져 있는 영국문화원이나 외교부, 관광공사 등을 통해 국가이미지를 높이고자 한다.

또한 영국은 음악이나 소설과 같은 다양한 소프트파워를 활용해 국가브랜드를 키우고 있다. 우선 1960년대 전 세계 젊은 이들의 우상이자 가는 곳마다 화제를 낳았던 그룹 비틀스가 있다. 〈007 제임스 본드〉 시리즈는 1953년부터 2015년까지 모두 26편의 영화로 제작되었다.*

---

* 최연혁, 《좋은 국가는 어떻게 만들어지는가》, 시공사, 2016.

(위) 1916년 개봉한 무성영화 〈셜록 홈즈〉의 한 장면
(아래) 소설 《셜록 홈즈》 속 셜록의 방을 재연해놓은 셜록 홈즈 박물관

1997년 조앤 롤링Joan K. Rowling이 쓴 《해리 포터》 시리즈는 전세계에서 5억 부 이상 팔리면서 최단 기간 최다 판매로 기네스북에 오르는 등 다양한 기록을 자랑한다. 이 책을 원작으로 8편의 영화 시리즈가 제작되었으며 4곳의 테마파크가 건설되었다. 14개의 컴퓨터 게임도 만들어졌다. J.R.R.톨킨J.R.R. Tolkien이 쓴 소설 《반지의 제왕》과 《호빗》은 2000년대 들어서 영화로 만들어지며 공전의 인기를 기록했다. 총 3편으로 제작된 영화 〈반지의 제왕〉 시리즈는 DVD, 캐릭터 판매, 컴퓨터게임 등으로 천문학적인 수익을 올렸다. 특히 마지막 〈왕의 귀환〉 편은 아카데미상 11개 부문에서 상을 받기도 했다. 아서 코난 도일 Arthur Conan Doyle이 쓴 《셜록 홈즈》 시리즈 역시 130여 년 동안 영화, 드라마 등으로 계속 재창조되며 꾸준한 사랑을 받고 있다.

　　영국이 음악이나 문학, 영화를 통해 큰 인기를 얻고 세계적으로 큰 힘을 발휘하게 된 배경은 어디에 있을까? 오랜 역사에서 나오는 탄탄한 스토리텔링과 뛰어난 작품성, 막대한 제작비 투입을 통한 거대한 스케일과 완성도가 사람들을 압도하기 때문이란 평가가 많다. 산업혁명 등을 통해 축적된 기술이 오랜 전통과 어우러지면서 문화적 힘으로 나타났다는 해석도 있다. 역사와 전통이 소설이나 영화, 음악 등의 문화 콘텐츠 분야와 어우러지며 국가브랜드를 발전시킨다.

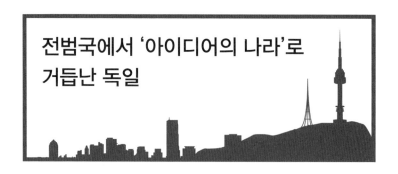

전범국에서 '아이디어의 나라'로
거듭난 독일

독일의 국가브랜드는 롤러코스터를 탔다는 표현이 어울릴
정도로 극심한 변동을 겪었다. 제2차 세계대전 당시 나치의 만
행으로 전범국이라는 낙인 찍혀 국가이미지가 최악의 수준이
었다. 그러나 1950년대 '저먼 엔지니어링German Engineering'이라는
슬로건을 내걸고 독일 제품Made in Germany의 우수성을 적극적으
로 알리기 시작했다. 구텐베르크의 금속 활판 인쇄기 발명부터
현재의 기술력을 연결지어 브랜드화한 것이다. 뛰어난 기술력
으로 독일에 투자하는 이들에게 어필하기 위한 방법이었다.

독일은 아주 빠른 기간 내에 국가 재건에 성공하면서 '라인 강
의 기적'이라는 별칭을 얻게 되었고, 그 덕에 국가이미지도 많
이 개선되었다. 독일 정부는 국가이미지를 높이고 국가브랜드

Du bist Deutschland

Deutschland
Land der Ideen

2006년 제정된 2개의 독일의 슬로건과 마크
(위) '당신이 독일입니다'
(아래) '아이디어의 나라'

를 끌어올리기 위해 스포츠 마케팅도 적극 활용했다. 2006년
독일 월드컵 당시 이벤트를 개최하며 2개의 국가슬로건을 내
걸었다. 각각 독일 국민을 대상으로 한 '당신이 독일입니다Du
bist Deutschland'와 외국인까지 타깃으로 한 '아이디어의 나라Land der
Ideen'였다. 그동안 축적해놓은 기술 강국이라는 이미지에 창조
성과 아이디어를 덧붙여서 독일에 대한 시각을 바꿔보겠다는
국가 프로젝트였다. 목표가 다른 만큼 두 슬로건은 로고에서부
터 확연한 차이가 드러난다.

독일 월드컵 개최 전까지만 해도 독일인은 고집이 세고 유머 감각이 없어서 항상 진지하다는 인상을 줬다. 그러나 한 달여간에 걸친 월드컵 경기를 치르면서 수많은 외국인들이 독일인은 사실 재미있고 친절하다는 사실을 직접 느끼게 됐다. 당시 영국의 총리 토니 블레어Tony Blair조차도 "독일에 대한 오래된 고정관념이 깨졌다"며 "독일의 이미지가 새롭고 긍정적이며 매력적으로 바뀌었다"고 칭찬했다. 독일인들은 월드컵이라는 세계적 스포츠 이벤트를 제대로 활용해서 자국의 이미지와 브랜드를 확실하게 바꾼 것이다.

독일에서는 국가브랜드 홍보 활동을 주로 민간단체들이 자율적으로 만든 공동기구에서 주관한다. 정부는 간접적으로 활동을 지원하는 형태를 취하고 있다. 대표적인 민간기구가 독일 문화원인 '괴테인스티튜트Goethe-Institute'이다. 비영리공공법인인 이 조직은 전 세계 93개국에 128개의 해외 지국을 운영하면서 독일의 문화정책 등을 홍보하고 있다. 물론 정부기구가 아닌 민간 홍보대행사가 사업을 시행하기 때문에, 장기적인 국가브랜드 제고를 목표로 하지 않고 그때그때 이벤트 중심의 홍보사업에 그치는 경우가 더 많다는 비판도 있다. 그러나 효과적으로 활동 중인 것은 사실이다.

독일 정부와 재계, 정치, 과학 분야 관련자들이 함께 만든 새로운 국가슬로건은 '혁신을 위한 파트너Partner for Innovation'이다.

이 슬로건을 위해 게르하르트 슈뢰더Gerhard Schroder 전 독일 총리는 물론, 노동경제부를 비롯해 기업과 기관 등 200개가 넘는 조직이 참여했다. 그 결과 혁신 활동을 위해 모인 끈끈한 네크워크가 형성됐고, 그들은 상담을 통해 새로운 벤처사업 육성을 위한 자금 등을 지원해주고 있다.

일본이 문화강국으로
성장한 비결

　일본은 일찍부터 서양에 일본식 동양문화를 알리며, '표기 우위'를 점했다. 한·중·일 3국의 공통적인 오락인 바둑을 서양에 먼저 보급한 나라 역시 일본이다. 바둑이 일본식 발음인 '고碁, GO'로 불리게 된 이유다. 이 때문에 세계적 IT 기업인 구글은 인공지능 바둑 기사에 '알파고AlphaGO'라는 이름을 붙였다. 스포츠 종목인 유도柔道가 서양에서 '주도Judo'라고 표기되고 부채는 '재패니스 팬Japanese fan'으로 불리는 것도 같은 이유다. 일본식 불교 수행법인 선禪은 서양에서 일본식 발음인 '젠ZEN'으로 불리며, 서구 상류층 사이에 고급 생활양식으로 자리 잡았다.

　또한 일본 문화는 서구의 여러 문화와 자연스럽게 합쳐지고 융합되어 현대식으로 확산되고 있다. 서양인들 가운데 일본식

| 서양의 일본식 표기 단어 |

단어 ▼	영어 표현 ▽		단어 ▼	영어 표현 ▽
바둑 (碁)	고 Go		선 (禪)	젠 Zen
유도 (柔道)	주도 Judo		초밥 (壽司)	스시 Sushi
부채 (扇子)	재패니스 팬 Japanese fan		생선회 (刺身)	사시미 Sashimi

젓가락을 잘 다루는 것을 멋지다고 생각하는 사람들이 있다. 프랑스의 음식점 평가 잡지인 《미쉐린 가이드》는 프랑스 파리 등을 제치고 도쿄를 세계에서 가장 유명한 미식 도시로 선정한 적이 있을 정도다. 서양인들 사이에는 스시(초밥)와 사시미(일본식 생선회)가 살이 찌지 않을 뿐 아니라 맛과 영양까지 좋은 고급 음식이라는 인식이 퍼져 있다. 일본의 전통 복장인 기모노의 화려한 문양이나 색상 역시 유럽 패션업계에서 자주 활용되고 있다.

1980년대까지만 해도 일본은 자동차와 전자제품을 앞세운 산업대국으로 유명했지만 이제는 문화대국으로 급속히 변모하고 있다. 여기에는 '신 일본양식Japanesque Modern 운동'의 영향이 컸다. 신 일본양식은 일본 정부와 민간단체들이 일본의 국가브랜드 가치를 전파하기 위해 일본 전통문화의 매력을 현대식으로 풀어낸 것이다. 전통문화를 첨단기술과 결합시키고 현대적인 시각으로 재해석해서 세련된 '일본 스타일'로 발전시킨 것이다. 일본 정부는 2005년 신 일본양식에 대한 보고서를 만들고, 이를 바탕으로 각계각층이 참여한 협의체를 구성했다. 신 일본양식에 어울리는 제품이나 콘텐츠라고 인정되면 J마크가 주어졌으며, 그중에서도 '신 일본양식 100선'으로 선정되면 더욱 공신력이 부여됐다.

이에 앞서 일본 정부는 2004년 지적재산정책본부 콘텐츠대

책위원회 산하에 브랜드위원단을 구성했다.* 일본의 국가이미지와 평판을 끌어올리고 세계 각국에서 사랑과 존경을 받는 국가로 거듭날 방향을 모색하기 위해서였다. 브랜드위원단은 매력적인 일본 국가브랜드를 구축하기 위해 음식, 패션, 지자체 브랜드, 콘텐츠 사업 강화에 집중했다. 오락용 콘텐츠를 비롯해 문화나 생활습관 측면을 모두 발전시켜 매력적이고 영향력 있는 문화와 관광의 나라로 나아간다는 목표였다.

특히 세계적인 콘텐츠 강국으로 발전하기 위해 관련 법안을 마련했다는 점이 주목할 만하다. 우선《일본 국가브랜드 전략 발전 보고서》를 만들었으며, 그 내용을 바탕으로 콘텐츠 사용자와 제작자 모두를 대상으로 콘텐츠 개혁을 위한 로드맵, 콘텐츠 제작부터 보호, 사용 증진을 위한 관련 법률을 정비하고 2005년부터 본격 시행에 들어갔다. 이 보고서는 크게 4가지 목표를 내걸었는데 각각 풍부한 음식 문화 육성, 다양하고 신뢰할 만한 지역브랜드 개발, 일본 패션을 세계적 브랜드로 육성, 일본의 장점을 효과적으로 홍보하기 위한 전략적 접근이었다.

음식문화연구발전위원회는 일본의 풍부한 음식문화를 세계 각국에 전파한다는 목표로, 조리 분야에서 다양한 인재를 육성하기 위해 나섰다. 일본 각지의 지자체는 다양하고 믿을 만

---

* 키스 디니,《국가브랜드의 전략적 관리》, 김유경 옮김, 나남. 2009.

한 지역브랜드를 개발하고 전파하기 위해 2006년 4월부터 개정된 상표법을 시행했다. 또한 일본 패션 브랜드를 세계적으로 홍보해 세계 브랜드화한다는 목표로 패션 주간을 만들고, 길거리 패션도 육성했다. 패션 분야 인재를 발굴해 육성하고 패션을 문화 및 관광 산업과 연계해 홍보 활동을 펼치기도 했다. 2006년 10월 일본모던위원회는 일본 모던 패션 컬렉션에 사용할 아이템을 선정하기도 했다.

아울러 일본 정부는 서양의 관심을 끌고 있는 가부키, 기모노, 스모 등 일본 전통문화와 화산, 온천, 섬 등 자연환경을 내세운 관광 산업을 전파하고 확대하는 데도 힘을 쏟고 있다. 마지막으로 일본 정부는 만화, 애니메이션, 게임, 영화 등 문화 콘텐츠를 통해 전 세계 젊은이들과 더욱 깊게 교감하고, 일본의 국가브랜드를 매력적으로 홍보하는 데 힘을 쏟고 있다.

또한 국가브랜드의 가치를 높이기 위해 일본 정부뿐 아니라 주요 경제단체와 기업들까지 함께 노력하고 있다. 일본경제단체연합회, 일본기업경영인협회도 국가브랜드를 다루는 위원회를 설치하고 재계 입장에서의 건설적인 의견을 제시한다.

이처럼 일본은 전 세계에 자국을 알리기 위해 정부와 기업, 시민단체, 학계, 문화계 등이 모두 힘을 합치고 있다. 한마디로 장기적인 관점에서 거대한 '팀 재팬Team Japan'을 만들고, 국가브랜드 향상을 위해 나서는 모습이다.

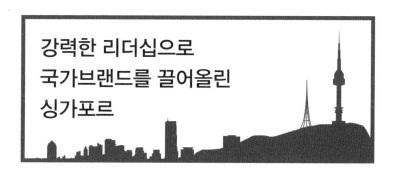

강력한 리더십으로
국가브랜드를 끌어올린
싱가포르

영국의 오랜 식민지였다가 1959년 독립해 자치정부를 수립한 싱가포르는 국토 면적이 서울시의 1.13배에 불과할 정도로 작고, 부존자원이 없다는 한계를 가졌다. 그러나 현재 싱가포르는 세계적으로 무역을 비롯한 비즈니스, 물류, 금융의 중심지로 우뚝 서 있다. 또한 정부의 효율성, 투명성, 경쟁력은 선진국 중에서도 최상위 그룹에 속할 정도라는 평가를 받는다. 1980년 후반부터 정부 주도로 강력한 개혁과 체계적인 개발을 통해 국가의 실체를 향상시키고 대외적인 이미지를 개선한 결과이다.

2016년 기준, 싱가포르는 평판연구소의 국가평판 순위에서 20위를 기록했다. 대한민국보다 25단계 가량 높은 순위이다.

싱가포르가 이처럼 좋은 국가평판을 지속적으로 유지하는 비결은 무엇일까.

싱가포르는 2000년대 초반부터 문화 친화적인 브랜딩 작업을 활발하게 펼쳐오고 있다. 보수적이라는 기존의 이미지에서 벗어나 개방적이고 창의적인 정체성을 확보하기 위해 도시브랜드 확장사업에 적극적으로 나서고 있는 것이다. 또한 싱가포르는 국가이미지를 제고하고 국가브랜드를 확장하기 위해 여러 가지 사업을 다양한 각도에서 펼치는 '백화점 방식' 전략을 구사하고 있다. 그 대표적인 사례가 싱가포르 노동부에서 우수 인력 유치를 위해 펼치는 '탤런트 캐피털 싱가포르Talent Capital Singapore' 사업이다. 싱가포르 정부와 정치인들은 우수 인재가 많이 모여들수록 국가의 부가 축적되고 사회가 발전한다고 믿으며 이 같은 사업을 적극적으로 지원하고 있다.

싱가포르는 1996년 새롭게 펼쳐진 '아시아의 시대'에서 앞서가겠다는 의미를 담아 국가슬로건으로 '새로운 아시아 싱가포르New Asia Singapore'를 내세웠다. 그 후 이 슬로건이 싱가포르를 아시아라는 지역에 한정시킨다는 지적을 수용해, 2004년 세계 어느 곳에서도 찾을 수 없는 독특함을 가졌다는 의미를 담은 '특별한 싱가포르Uniquely Singapore' 캠페인을 시작했다.* 이 캠페인

---

* 신철호·강민정·최영진, "해외주요국의 국가브랜드 관리 사례 연구", 〈여성과 경영〉, 제 2권 제2호, 2009

싱가포르의 국가슬로건 변화

을 시작한 지 10년 후인 2013년에는 이전에 비해 관광수입은 41%, 관광객 수는 36%가량 늘었다. 2006년 7월부터는 경험하고 체험하는 마케팅에 초점을 맞춘 '더 말할 나위 없는Beyond Words' 캠페인을 펼치기 시작했다. 동시에 싱가포르 정부는 자국에 우호적인 세계 각국의 오피니언리더들을 모아 '싱가포르의 친구들Friends of Singapore'이라는 그룹을 만들고, 국가브랜드를 끌어올리는 데 활용했다.

2005년 싱가포르 정부가 복합 리조트 건설을 추진했을 때는 시민단체와 종교단체를 비롯해 국회와 정부 내 대다수 각료들의 반대에 부딪혔다. 리센룽李顯龍 싱가포르 총리는 국회 연설을 통해 "좋은 일자리 마련을 위해 관광 산업을 발전시켜야 하는 만큼 복합 리조트가 필요하며 관광 산업 진흥을 위한 부대 수익 사업으로 카지노도 도입해야 한다"고 설득했다. 이에 따라 싱가포르는 차세대 수익 산업을 비즈니스 관광을 뜻하는 'MICE 중심의 관광 산업'으로 정하고, 마리나베이샌즈와 리조트월드 센토사 등 복합 리조트를 건설하기로 결정했다. 금기시했던 카지노 빗장까지 풀었다. 2010년, 리조트가 완공되었고, 운영은 성공적이었다. 복합 리조트에 의한 직접적인 고용만 2만 명이 넘었으며, 카지노 등을 제외하고 이곳을 통해 벌어들인 관광 수입만 전체 관광 수입의 77%에 달했다.

이후 싱가포르 정부는 국가브랜드 슬로건도 '당신의 싱가포

르Your Singapore'로 바꿨다. 이전 슬로건은 '전통과 현대가 어우러진 문화 도시국가'라는 이미지를 내세웠다면, 새로운 슬로건은 관광객의 구체적이고 개별적인 부분에 초점이 맞춰져 있다. 즉, 개인을 강조한 것이다. 여기엔 단체 관광객이 아니라 개별 관광객들의 욕구에 맞는 서비스를 발굴해 수요를 충족시키겠다는 싱가포르 정부의 정책 변화도 반영된 것으로 풀이된다.

싱가포르 정부가 추진하는 또다른 대형 프로젝트의 핵심은 의료 허브 국가로 자리매김하는 것이다. '싱가포르 의료Singapore Medicine'라는 주제로 제약을 비롯해 바이오테크놀로지, 의료기술, 헬스케어 서비스를 적극 육성하는 데 초점을 맞추고 있다.

의료산업의 경쟁력이 강화되면서 싱가포르를 찾는 해외 의료 환자는 지속적으로 증가하고 있다.

싱가포르가 효과적으로 국가브랜드를 만들 수 있었던 비결에는 강력한 정치적 리더십이 있다. 국가의 정체성을 새롭게 구축하고 널리 알린다는 분명한 목표를 정하고, 정부와 기업, 각종 민간단체들이 세부계획을 체계적으로 세웠다. 이 계획을 꼼꼼하고 치밀하게 행동으로 옮긴 결과, 싱가포르는 아시아의 비즈니스 관광 대국이 될 수 있었다.

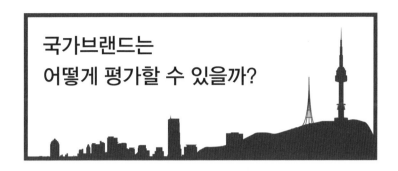

국가브랜드는
어떻게 평가할 수 있을까?

한 국가의 경쟁력이나 국제적 평판을 측정하거나 평가하는 지수는 많다. 일반인들에게 알려진 국가경쟁력 평가만 해도 국제경영개발원IMD, 세계경제포럼 등이 산출한 지수가 있다. 국가평판은 평판연구소의 조사가 대표적이다. 이에 비해 국가브랜드를 평가하는 지수는 매우 적다. 사이먼 안홀트의 국가브랜드 개념을 토대로 시장조사업체인 GfK가 여론조사를 해 산출하는 안홀트GfK 국가브랜드 지수가 그나마 많이 활용된다. 대한민국에서는 대통령 직속 국가브랜드위원회가 2009년 삼성경제연구소SERI와 공동으로 만든 듀얼 옥타곤 모델이 있다. 듀얼 옥타곤 모델은 외부에서 한 국가를 바라보는 이미지와 그 국가의 실체를 동시에 평가한다는 것이 특징이다.

1. 사이먼 안홀트의 국가브랜드 지수(헥사곤 모델)

영국 컨설턴트인 사이먼 안홀트는 국가브랜드를 관광·여행, 수출, 정부 통치Governance, 문화·유적, 투자·이민, 국민성 등 6가지 요인을 기준으로 매년 평가하고 그 결과를 안홀트GfK 국가브랜드지수로 발표한다.* 전 세계 선진국과 주요 개발도상국 등 50개 국가의 국민들을 대상으로 여론조사를 통해 산출한 순위이다. 국가도 기업이나 제품 브랜드처럼 이미지를 갖고 있지만, 국가는 기업과 달리 통제할 수 없는 부분이 많다. 또한 국가에 대한 접촉 경로 역시 매우 다양한 만큼 국가브랜드가 형성되는 과정이나 양상도 복잡하기 때문에 요인을 다양하게 나누어 평가하는 것이다.

2016년 12월에 발표한 안홀트GfK 국가브랜드 지수에 따르면 미국이 전년도에 이어 국가브랜드 1위를 차지했다. 2위부터 5위는 각각 독일, 영국, 캐나다, 프랑스 순이었다.

안홀트가 제시한 6가지 국가브랜드 요소 가운데 가장 활성화된 부분은 관광과 여행이다. 전통적인 관광자원인 자연환경 등 물리적 환경의 매력 정도를 묻는다. 역사적 유적지와 인공적으로 건립된 랜드마크나 테마파크, 카지노 등의 위락시설도 외국인 관광객을 끌어들이는 중요한 유인책인 만큼 국가브랜

---

* 김유경 등, 《공공브랜드의 전략적 관리》, 한경사, 2014.

| 안홀트GfK 국가브랜드 평가 모델 |

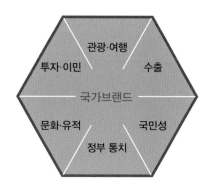

관광·여행 　자연환경 등 물리적 환경의 매력 정도

수출 　상품과 서비스에 대한 이미지

정부 통치 　정부의 효율성이나 유능함, 공정성, 국제사회에 대한 기여, 빈곤 감축 수준

투자·이민 　투자 대상, 거주하거나 일하기에 좋은 곳인지에 대한 가치

문화·유적 　현대 문화의 수준이나 범위, 전통적인 국가 문화유산

국민성 　국민의 개방성, 친절도, 배타성, 편견, 외국인에 대한 차별의 정도

드에 영향을 미친다. 두 번째로 국가브랜드에 영향을 주는 요인은 수출이다. 소비자들은 주로 독일이나 미국에서 생산된 제품은 품질이 좋아서 믿을 만하며, 반대로 개발도상국에서 만든 제품은 그렇지 못하다고 생각한다. 많은 소비자들의 인식 속에는 '자동차 = 독일', '전자제품 = 일본'과 같이 원산지에 대한 평가가 존재하기 때문에 국가브랜드가 물품 구입에 영향을 미친다고 할 수 있다. 세 번째 요인은 정부 통치로, 정부의 효율성이나 유능함, 공정성, 국제사회에 대한 기여, 빈곤 감축 수준 등을 따진다. 네 번째 요인은 투자·이민이다. 한 국가가 투자할 만한 대상인지, 거주하거나 일하기 좋고, 공부할 만한 곳인지를 묻는다. 다섯 번째 요인인 문화·유적은 영화·음악·문화 등 현대 문화의 수준이나 범위, 전통적인 국가 문화유산 등을 묻는다. 여섯 번째 요인은 국민성으로 국민의 개방성, 친절도, 배타성, 편견, 외국인에 대한 차별의 정도 등이다.

물론 안홀트GfK 국가브랜드지수에는 한계점도 있다. 국가 브랜드를 측정할 다른 지수가 없던 초창기에 만들어졌기 때문에 이 모델이 지금까지 사용되고 있다는 해석도 있다.* 안홀트 GfK 국가브랜드지수가 가장 많은 비판을 받는 대목은 모델의 과학성이나 객관성이 부족하다는 것이다. 6개 부문에 대한 설

---

* 윤정인, 《코리아 브랜드 파워》, 매일경제신문사, 2010.

문조사를 통해 순위를 정하는 평가 방식을 택하고 있어서 객관성이 떨어진다. 설문 방식에도 문제점이 제기된다. 인터뷰를 하는 사람에게 주어지는 평가 대상 국가가 너무 많은 편이다. 응답자가 답변을 하며 피곤해할 확률이 높고 집중력이 저하돼 불성실한 응답이 나올 가능성도 단점으로 꼽힌다.

2. 듀얼 옥타곤 모델(SERI-PCNB모델)

우리나라에서는 대통령 직속 국가브랜드위원회가 2009년 삼성경제연구소와 공동으로 국가브랜드를 측정하는 듀얼 옥타곤 모델을 만들었다. 공식 명칭은 SERI-PCNB NBDO Nation Brand Dual Octagon 이다. 듀얼 Dual 은 실체와 이미지이고, 옥타곤 Octagon 은 8개 부문(경제·기업, 과학·기술, 인프라, 정책·제도, 전통문화·자연, 현대 문화, 국민, 유명인)을 지칭한다. 50개국을 비교대상으로 실체(125개의 통계 데이터)와 이미지(36개 문항, 26개국 오피니언 리더 1만 3,500명 대상으로 설문조사) 간 차이를 분석한 국가브랜드지수다.

안홀트GfK지수와 같은 기존의 국가브랜드지수는 각 요소별 인터뷰를 바탕으로 한 이미지 조사인 만큼 실체에 대한 평가가 불가능하다. 이러한 한계를 극복하기 위해 듀얼 옥타곤 모델이 만들어졌다. 2009년 출범한 국가브랜드위원회의 목표는 대한민국의 실체를 높이고 실체와 이미지 사이에 격차가 발견되면 홍보 활동 등을 통해 이 차이를 줄여나가는 것이었는데, 기존 이미지 조사만으로는 국가브랜드를 끌어올릴 구체적인 전략수립이 어려웠다. 이 모델은 국가브랜드의 실체와 이미지를 모두 반영하는 쌍팔각형 모형이다. 실체와 이미지를 동일 문항으로 대비시켜 그 격차를 분석하고, 전략을 세울 수 있다는 장점이 있다. 이 조사는 2009년부터 2012년까지 매년 한 차례씩 실시됐으나 2013년 국가브랜드위원회가 폐지되면서 중단되었다. 2012년 조사 결과, 대한민국은 실체 순위에서 과학·기술(6위), 현대 문화(8위), 유명인(7위) 등 3개 부문이 10위권 이내에 들었다.* 실체 면에서 런던 올림픽 종합 5위, 3대 신용평가사(무디스, 피치, S&P)의 국가신용등급 상향 조정, 영화 〈피에타〉의 베니스영화제 황금사자상 수상 등이 큰 영향력을 미친 것으로 나타났다. 이미지 순위에서는 과학·기술 부문이 7위를, 경제·기업 부문도 11위를 기록했다. 특히 2012년에는 가수 싸이의 〈강남스타일〉과 삼성전자 스마트폰 갤럭시, 핵안보정상회의 개최 등이 대한민국의 이미지에 좋은 영향을 미친 것으로 나타났다. 또한 한류가 아시아를 넘어 유럽과 북미 지역으로 전파되며 드라마와 같이 콘텐츠에 담긴 대한민국의 '현대 문화'와 '인프라' 등을 간접적으로 홍보하고 있는 것으로 분석되었다.

이 모델은 한국인이 스스로에 대해 내리는 평가인 자화상自

---

* 삼성경제연구소, "2012 국가브랜드지수 조사 결과", 〈SERI 이슈페이퍼〉, 2013.1.10..

| 대한민국의 부문별 실체와 이미지의 목표(OECD 평균) 도달률 |

━ 실체 도달률 ⋯ 이미지 도달률 ▭ OECD 도달률: 100

• 2011년

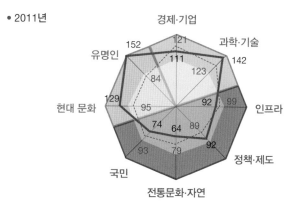

• 2012년

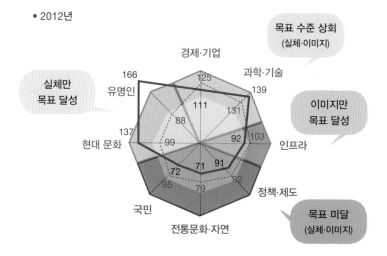

2011년과 비교했을 때, 2012년의 결과는 싸이의 〈강남스타일〉로 유명인 항목, 베니스영화제 황금사자상 수상으로 현대 문화 항목 등의 점수가 높아진 것을 확인할 수 있다.

畵像과 해외에서 대한민국에 대해 내리는 평가인 타화상他畵像을 각 부문별로 비교하는 방식을 적용함으로써 국내외 시각의 차이도 분석한 것이 특징이다. 특정 분야에서 외부에서 보는 이미지에 비해 자국민의 평가가 너무 낮다면 대국민 홍보를 통해 자긍심이나 자부심을 높여줄 필요도 있다.

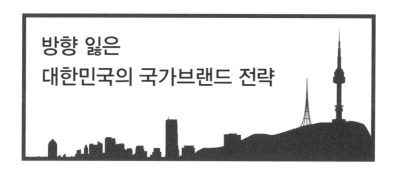

**방향 잃은
대한민국의 국가브랜드 전략**

어떤 일을 시작할 때는 그동안 일이 진행되어왔던 과정을 확인하고, 그 일을 수행했던 사람들을 찾아가서 묻는 것이 좋다. 그 일을 적절하게 추진할 방향을 정하고, 일하는 과정에서 시행착오도 줄일 수 있기 때문이다. 국가브랜드의 비전을 만들거나 추진할 때도 마찬가지로, 과거 이명박정부 때 가동되었던 국가브랜드위원회의 작업을 가장 먼저 되짚어봐야 한다. 국가브랜드위원회는 2009년 3월, 전문가들의 의견 조율을 거쳐 대한민국의 국가브랜드 비전을 '배려하고 사랑받는 대한민국'으로 정했다.

당시 기획재정부에서 파견되어 국가브랜드위원회 총괄과장을 맡았던 윤정인 박사에 따르면, 국가브랜드 비전을 정하

| 국가브랜드위원회가 만든 국가브랜드 비전과 추진 전략 |

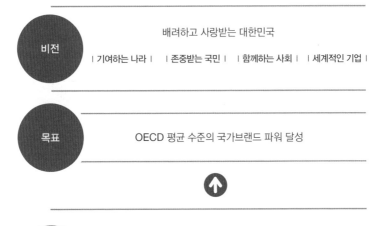

비전

배려하고 사랑받는 대한민국

| 기여하는 나라 |　| 존중받는 국민 |　| 함께하는 사회 |　| 세계적인 기업 |

목표

OECD 평균 수준의 국가브랜드 파워 달성

추진전략

1. 국민, 기업, 정부 간 협력을 통한 국가적 역량 결집
2. 종합 계획 수립, 브랜드지수 개발 등 체계적인 국가브랜드 관리
3. 권역별 수요를 고려해 차별화된 맞춤형 정책 추진
4. 국민적 공감대 확산을 통한 국가브랜드 추진 동력 확보

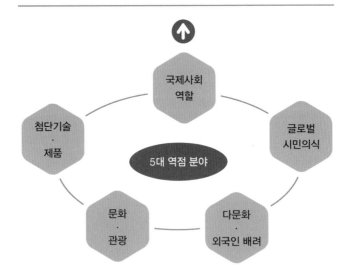

국제사회 역할

첨단기술 · 제품

글로벌 시민의식

5대 역점 분야

문화 · 관광

다문화 · 외국인 배려

기 위한 브레인스토밍 회의에서 '사랑받고 존중받는 대한민국'이라는 슬로건이 제시되었고 이를 '배려하며 존중받는 대한민국', '사랑받고 배려하는 대한민국' 등으로 발전시켰다고 한다. 후속 토론과 다양한 시각에서 접근한 끝에, 최종적으로 국가브랜드 비전은 '배려하고 사랑받는 대한민국'으로 정해졌다. 대한민국은 세계 속에 기여하는 나라가 되고, 국민들이 존중받고, 세계적인 기업들이 나오고, 모두가 함께하는 사회를 만들자는 세부 비전도 도출되었다.

당시 국가브랜드위원회가 세운 국가브랜드 목표는 'OECD 평균의 국가브랜드 파워 달성'이었다. 구체적으로는 2013년까지 대한민국의 국가브랜드 가치를 세계 15위권 이내로 끌어올리기로 했다.

이를 위해 크게 4가지 추진전략을 수립했다. 첫째, 국민, 기업, 정부 간 협력을 통해 국가적 역량을 결집시키기로 했다. 둘째, 국가브랜드를 체계적으로 관리하기 위해 종합 계획을 세우고 국가브랜드지수를 개발하기로 했다. 셋째, 세계 각국의 대한민국에 대한 인지도와 선호도를 감안해 차별화된 맞춤형 정책을 추진키로 했다. 넷째, 국민적 공감대를 확산시켜 국가브랜드 추진 동력을 확보하기로 했다.

국가브랜드위원회는 대한민국의 브랜드 가치를 높이기 위

해 우선적으로 힘을 쏟을 5대 역점 분야로 글로벌 시민의식 함양, 다문화·외국인 배려, 문화·관광 분야 역량 강화, 첨단기술·제품 육성, 국제사회에서의 역할 강화를 선정했다. 또한 삼성 경제연구소와 공동으로 개발한 국가브랜드지수의 조사 결과를 분석하고 나라별 맞춤 전략을 세워서 해외 각 공관에 제공했다. 현지에 있는 코트라ĸoTRA 사무소나 기업체 지사에서도 활용하도록 했다.

국가브랜드위원회는 대한민국에 대한 이미지 개선을 위해서도 발 벗고 나섰다. 당시 외국인들이 가장 많이 보는 이미지 사이트인 플리커닷컴(Flickr.com)에서 'Korea대한민국'라는 키워드로 검색했을 때 뜨는 사진은 70% 이상이 북한과 관련된 것이었다.

국가브랜드위원회는 대한민국 국민들을 대상으로 풍경 사진 등 우리나라의 아름다운 모습을 플리커에 올리는 캠페인을 전개했다. 그 결과, 플리커닷컴에서 'Korea'를 검색했을 때 뜨는 사진 중 북한 사진의 비율은 30% 밑으로 줄어들었다. 이 캠페인은 전 세계 온라인 광고·캠페인 관련 분야의 전문가들이 평가한 좋은 캠페인 중 상위 15% 안에 들었을 정도로 호평을 받았다.

만약 정부가 일방적으로 국가브랜드를 정하고 주입식으로 광고하거나 캠페인을 벌였다면 국민들의 반감을 불러일으켰을 것이다. 그러나 국가브랜드위원회는 우선 국민들의 공감을

2017년 4월 플리커닷컴에서 'Korea'를 검색한 화면

불러일으키고, 이후 자발적으로 캠페인에 동참시켰다.

　이처럼 온라인뿐만 아니라, 오프라인에서 대한민국을 홍보하는 활동에도 보다 전략적인 접근이 필요하다. 어떤 나라를 한 번 방문해서는 해당 국가를 제대로 알기 어렵다. 대한민국을 수차례 방문할 예정이라면 큰 문제가 없겠지만, 대부분의 외국인 관광객은 첫인상을 통해 다음에 또 대한민국을 방문할지 말지를 정한다. 그러므로 대한민국을 처음 방문하는 외국인에게 분단국의 이미지만 심어주는 것은 그다지 바람직하지 못하다. 예를 들어 판문점이나 비무장지대를 관광지로 소개하고 보여준다면 중동의 분쟁국처럼 부정적인 첫인상이 강렬하게 남을 가능성이 있다. 이스라엘 역시 생명공학이나 첨단 전자·

통신 분야의 기술이 발달되어 있지만, 관광객에게 팔레스타인과의 분쟁지역인 가자GAZA 지구를 먼저 둘러보게 한다면, 분쟁이 있고 위험한 국가라는 이미지만 안고 돌아가게 된다. 따라서 우리는 방한하는 외국인이 처음 대한민국에 오는 사람인지, 재방문자인지를 고려해서 좋은 이미지를 남길 수 있는 장소를 전략적으로 선택하고 소개할 필요가 있다. 예를 들어 울산이나 포항 등지의 거대한 산업단지를 보여주면, 대한민국에 대한 이미지가 경제 선진국으로 바뀔 수 있다. 세계 최대 규모의 백화점이 부산에 있는 신세계백화점 센텀시티점이라는 사실을 알려주거나 사진으로 보여주는 것도 하나의 방법으로 생각해볼 수 있다.

국가브랜드위원회는 2013년, 이명박정부에서 박근혜정부로 바뀌면서 사라졌다. 시대가 바뀌고 상황도 많이 변했다. 따라서 당시 만들어진 국가브랜드 비전이나 전략은 지금 상황에 맞게끔 바뀌어야 한다. 이는 소수의 사람이 판단을 내리거나 속단할 수 없는 부분이므로, 심층적인 연구와 현장조사가 필요하다. 국내외 전문가들은 물론 일반 국민들을 대상으로 대한민국과 한국인의 정체성에 대해 묻는 동시에 외국에서 바라보는 대한민국의 이미지나 외국인들의 평판도 확인해야 한다. 다양한 정보를 모은 후 종합적으로 대한민국 브랜드슬로건과 서브 브랜드를 만드는 과정이 꼭 필요하다.

영국의 대표 신문을 품은 일본

2015년 7월 24일, 한 언론사의 인수 기사에 전 세계가 놀랐다. 미국 〈월스트리트저널〉과 더불어 서구의 양대 경제신문이자 127년의 역사를 가진 영국 〈파이낸셜타임스〉가 〈일본경제신문(이하 닛케이)〉에 팔린다는 뉴스 때문이었다. 인수 금액이 무려 8억 4,400만 파운드(약 1조 5,300억 원)로 미국의 아마존이 〈워싱턴포스트〉를 인수했던 금액(2억 5,000만 달러, 약 2,900억 원)보다 다섯 배는 큰 금액이었다. '영국의 목소리'로 불렸던 〈파이낸셜타임스〉의 매각 사실이 보도된 후, 많은 사람들이 정신적인 충격을 받았을 정도로 이 사건이 미디어 업계에 미치는 파장은 컸다.

〈파이낸셜타임스〉 인수 배경에는 디지털과 글로벌 흐름을 선도하겠다는 닛케이미디어그룹 최고경영층의 의지가 작용했다. 〈일본경제신문〉은 일본이라는 뜻의 니혼NIHON과 경제를 뜻하는 게이자이KEIZAI가 합쳐진 명칭으로, 영어 첫 음절만 따서 '닛케이NIKKEI'라는 약칭으로 더 많이 불린다. 일본에는 전국으로 유통되는 신문이 5개(〈요미우리〉, 〈아사히〉, 〈마이니치〉, 〈산케이〉, 〈닛케이〉)뿐인데, 그중 〈닛케이〉는 유일한 경제신문이며 발행 부수는

310만 부 안팎이다.

닛케이미디어그룹은 일본 미디어업계에서 디지털 분야 선두주자로, 닛케이텔레콤 등 데이터베이스를 기반으로 한 경제정보 서비스를 제공해왔다. 닛케이미디어그룹은 디지털 데이터베이스 구축을 위해 30년에 걸쳐 무려 800억 원 가량을 투자했으며, 사실상 일본의 경제정보 검색 시장을 독점하고 있다. 그 결과 2017년 1월 기준, 〈닛케이〉 온라인 신문의 유료 독자만 50만 명을 넘을 정도로 막강한 디지털 파워를 자랑한다.

모든 뉴스가 갈수록 모바일과 온라인 채널을 통해 디지털 형태로 유통되는 만큼 〈파이낸셜타임스〉의 70만 명에 가까운 인터넷 유료 독자와 디지털 뉴스를 관리하고 유통시켜온 노하우는 〈닛케이〉에 큰 매력이었을 것이다. 닛케이미디어그룹이 〈파이낸셜타임스〉를 인수한 또 다른 중요한 이유는 막강한 영어 뉴스 발신 채널을 확보하기 위해서이다. 〈닛케이〉는 태국 방콕에 아시아 보도총국을 두고, 싱가포르에는 아시아 헤드쿼터를 설치할 정도로 해외 진출에 공을 들였다. 2013년에는 아시아 전문 영어 뉴스 사이트인 '닛케이아시안리뷰NAR'도 만들었다. 그러나 일본 밖에서는 인지도가 약하고 존재감이 약하다는 한계를 절실하게 깨달았고, 결국 '〈파이낸셜타임스〉 인수'라는 정공법을 택한 것이다.

닛케이미디어그룹의 〈파이낸셜타임스〉 인수는 일본의 국가브랜드에도 긍정적인 영향을 미칠 것으로 보인다. 비록 〈파이낸셜타임스〉의 편집권이 〈닛케이〉로부터 철저하게 독립되어 있다고 하지만, 도쿄와 런던을 오가며 빈번하게 이뤄지는 두 신문사 간부와 기자들의 교류는 서로를 이해하고 상생하는 방법을 모색하게 할 가능성이 높기 때문이다.

〈파이낸셜타임스〉에 근무하는 기자나 임직원들이 그동안 영국이나 유럽의 시각에서 세계를 바라보았다면 이제는 한 번쯤 일본의 관점에서도 뉴스를 해석해보는 태도를 갖게 될 것이다. 따라서 앞으로 〈파이낸셜타임스〉에 게재되는 칼럼이나 사설에 이같은 일본 친화적인 분위기가 반영될 수도 있다.

뉴스는 있는 그대로의 객관적 사실을 보여주는 것이 아니라 뉴스를 생산하고 가공하는 기자의 인식이나 태도가 반영되는 '주관적인 현실'인 경우도 있기 때문이다. 이를 두고 언론학자인 게이 터크만Gaye Tuchman은 뉴스는 세상을 비치는 거울Mirror이 아니라 기자가 보여주는 대로 세상을 보게 하는 창Window이라고 표현했다. 그런 점에서 닛케이미디어그룹의 〈파이낸셜타임스〉 인수는 주요 언론사의 경영 방침이 국가브랜드나 국가평판에도 일정 부분 영향을 줄 수 있음을 보여주는 좋은 사례다.

덧붙여 대한민국은 일간 신문의 월간 구독료가 대부분 1만

5,000원으로 똑같지만 일본은 각각 다르다. 소비자들이 신문 콘텐츠의 차이를 인정하고 가격 차등을 받아들이기 때문이다. 재테크 정보를 많이 담고 있으며, 직장인이라면 반드시 읽어야 한다고 인식되는 경제신문인 〈닛케이〉는 한 달 종이 신문 구독료가 4,383엔(약 4만 4,000원)으로 신문 중에서 가장 비싸다. 그 다음은 〈아사히신문〉과 〈요미우리신문〉으로 4,037엔(약 4만 1,000원) 정도이다.

공공 개혁의 출발은 '정책실명제'

2003년, 필자는 공직사회의 고질적 문제를 취재해 〈공무원을 일류로〉라는 제목으로 8회에 걸쳐 기획기사를 썼다. 당시 공직 사회의 모순과 병폐를 파헤치기 위해 사무관을 뽑고 배치하는 현장을 우선 찾아갔다. 고시 성적순으로 부서를 선택하는 만큼 고시 합격생들은 본인의 경험이나 적성과는 무관한 부처로 배치 됐다. 재정경제부처럼 큰 부처에도 차관은 한 명뿐이라서 결재 를 받기 위해서는 보통 이틀씩이나 기다려야 했다. 국회만 열리 면 행정부는 제기능을 하지 못했으며, 무분별한 순환보직 때문 에 전문가가 나올 수 없는 구조였다. 신규 사업이 시작되면 서로 '내 관할'이라고 자리다툼을 하다가 일이 터지면 '모르는 일'이 라며 꽁무니를 빼는 모습이 곳곳에서 목격됐다. 부처 간 칸막이 가 높았으며, 승진은 능력이 아닌 고시 기수 위주로 이뤄졌다.

이 같은 문제를 개선하기 위해 제시한 35가지 어젠다 중 당시 출범한 노무현정부는 복수차관제 도입, 고위공무원단(3급 이상) 신설, 행자부 인사국과 중앙인사위원회의 통합 등을 받아들였 다. 그러나 그들은 정작 중요한 핵심을 놓쳤다. 획일적인 고시 제도를 폐지하고 부처별로 인재를 채용하자는 제안은 받아들이

지 않은 것이다. 공무원을 제대로 평가해 일을 잘하는 사람에게
는 보상을 주고, 그렇지 못한 사람은 걸러내는 시스템을 만들자
는 조언 역시 마찬가지로 받아들여지지 않았다.

한마디로 자리를 넓히고 공무원들에게 이익이 돌아가는 '상수도
확장 공사'는 완료하고, 일을 제대로 하지 않거나 태만한 공무원
을 솎아내는 '하수도 정비 공사'는 아예 손도 대지 않은 것이다.
이 같은 상황은 지금도 여전히 달라지지 않았다.

공정한 평가 없이는 최고가 될 수 없다. 신상필벌信賞必罰이 제대
로 이뤄지지 않으면 좋은 인재들은 중간에 공직을 떠나고, 권력
욕 많은 소수의 사람과 복지부동하는 공무원들만 남게 된다. 따
라서 공무원을 평가해 민간 기업처럼 '화끈하게' 인센티브를 주
거나 확실하게 처벌하는 방향으로 보상체계를 바꿔야 한다. 아
울러 정책실명제를 도입해 책임 소재를 분명하게 해야 한다. 공
무원의 인사카드에 중요 정책을 결정한 사항을 명시하고 회의
내용은 꼼꼼하게 기록해 평가 근거로 활용하는 것도 필요하다.

공직에 대한 개선 방향을 제시한 지 상당한 시간이 흘렀지만, 공
무원이나 공공부문 종사자들은 여전히 본인이 책임져야 하는 일
은 하려고 하지 않는다. 특히 나중에 책임 추궁을 당할 수도 있
는 일에는 아예 손도 대지 않는데 이 같은 상황은 결코 국익에
도움이 되지 않는다. 공직사회의 책임 회피 경향은 2003년 외

환은행의 론스타 매각을 주도했던 변양호 전 재정경제부 금융정책국장이 헐값매각 시비에 휘말려 구속되면서 더욱 뚜렷해졌다. 변 국장은 약 4년간에 걸친 법정 공방 끝에 무죄판결을 받았지만 그 기간 동안 명예는 많이 실추되었다. 이 사건으로 '변양호 신드롬'이라는 신조어가 만들어졌으며 공직사회에는 '논란이 있는 사안은 손대지 않는다'는 분위기가 확산됐다.

따라서 앞으로 대한민국의 공공부문 개혁은 '공공부문 인사의 퇴출 시스템 정비'와 제대로 된 '정책실명제' 도입에서부터 시작되어야 할 것이다.

品格

PART 4

국가평판
VS
기업평판

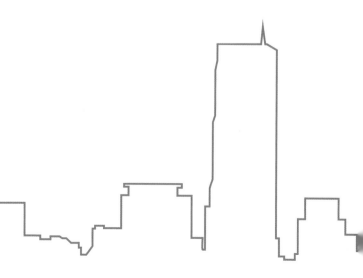

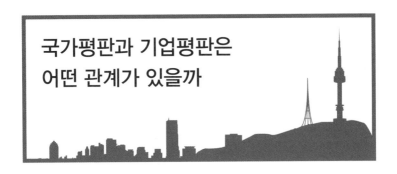

국가평판과 기업평판은 어떤 관계가 있을까

국가평판과 기업평판은 밀접하게 연결되어 있다. 두 평판이 서로 영향을 주고받는다는 사실은 그동안 많은 연구를 통해 나타났다. 특히 세계 시장에서 활약 중인 대한민국의 대기업에서 발생하는 사건사고는 국가평판에 큰 악영향을 준다. 예를 들어 2014년 말 대한한공에서 발생한 '땅콩 회항'은 대한민국의 국가브랜드와 국가이미지에 악영향을 미쳤다. 이 사건은 세계 각국 신문의 사회면 헤드라인을 장식했다. 특히 '대한'이라는 이름이 붙은 항공사의 스캔들인 탓에, 대한민국의 이미지에 좋지 않은 영향을 미쳤을 가능성이 더 크다는 게 해외 언론의 시각이다.

반면 기업의 최고경영자가 국가평판에 좋은 영향을 미치는 사례도 있다. 중국 최대 전자상거래업체인 알리바바의 창업주인 마윈馬云은 알리바바의 성공이 곧 '중국의 성공'이란 프레임을 내걸었다. 알리바바는 중국 내 기업 간 거래B2B 시장 규모의 약 70% 가까이 차지하며, 2016년에는 매출 3조 위안(약 502조 원)을 돌파하는 등 세계 최대 전자상거래업체로 도약했다. 알리바바는 중국 내 최고의 경매 사이트인 타오바오닷컴을 소유하고 있으며, 전자결제 시스템인 알리페이도 도입했다.

마윈은 기회가 있을 때마다 자신이 일군 업적을 한 기업의 성공이라기보다 IT 산업 발전의 훈풍을 타고 대국이 된 '중국의 성공'이라고 강조한다. 2014년 9월, 알리바바가 뉴욕 증시에 상장될 때도 그는 "돈을 벌기 위해 미국에 온 것이 아니라 중국 재계를 대표해서 왔다"고 강조했다. 마윈은 중국에 대한 자부심이 강할 뿐 아니라 틈만 나면 자신이 중국 경제를 이끌고 가겠다는 비전과 꿈을 밝힌다. 그는 알리바바와 같은 기업이 계속 나오도록 중국 내 벤처기업이나 중소기업을 적극적으로 지원하겠다는 목표와 1억 명 고용을 창출하겠다는 계획도 밝혔다.

마윈이 발신하는 메시지에 중국인은 열광한다. 다른 나라에서도 그를 경이적인 눈길로 바라본다. 마윈의 이야기가 국가를 뛰어넘어 감동을 주는 것은 그가 성공할 확률이 적은 데도 노력으로 인생을 역전시킨 언더독Underdog이기 때문이다. 대학교

입학시험에서 세 번이나 낙방하고 입사시험에서 연거푸 30차
례나 탈락했던 영어 강사 출신의 기업가가 전하는 희망과 열정
의 메시지는 울림이 크다. 물론 그의 이야기가 전 세계적으로
주목받는 것은 자신을 사회의 약자와 소외된 사람들을 돌보는
최고경영자로 포지셔닝하고, 미디어에 기업의 사회공헌 활동
을 적극적으로 알린 덕분이기도 하다.

중국 시장에서의 성공을 뛰어넘어 미국을 비롯한 선진국에
서 펼치는 마윈의 도전을 전 세계인들이 흥미롭게 지켜보고 있
다. 단순히 자신의 회사의 매출 증대나 이익 확대가 아니라 중
국의 성공을 위해 일한다는 마윈의 프레임은 한 기업의 평판이
국가평판에까지 영향을 미친다는 것을 보여준다.

그동안 국내외에서 가장 많은 연구가 이뤄진 대상은 영리목
적의 평판이다. 물론 국가나 지방자치단체 등 공공부문의 평판
에 관한 연구도 많이 진행됐다. 파소 등Passow, 2005은 기업평판과
국가평판을 비교해 제시하기도 했다. 예를 들어 소비자들이 기
업에 좋은 기분, 존중, 신뢰 등을 경험할 때 감성적 매력을 느끼
는 것처럼 국가에 존중과 사랑, 믿음 등을 경험할 때 감성적 매
력을 느낀다는 것이다.

2010년 미국 시라큐스대학교의 강민정 교수 등은 한 기업에
서 만든 제품에 대한 소비자의 구매 의도와 태도에 기업평판이
영향을 미칠 때, 국가평판은 매개변수로 어떤 역할을 하는지

| 기업평판지수(RQ)와 국가평판지수(CRI)의 비교 |

기업평판 요소	세부 내용
감성적 매력	좋은 기분, 존중, 신뢰
제품과 서비스	제품 또는 서비스 지지, 혁신적인 제품과 서비스 개발과 제공
재무 성과	높은 이익률, 투자 위험 낮음, 성장 가능성 높음, 좋은 성과
비전과 리더십	좋은 리더, 미래 비전의 존재
근무환경	일하기 좋은 환경, 우수한 직원 보유
사회적 책임감	환경보호, 명분과 대의 존중

국가평판 요소	세부 내용
감성적 매력	존중, 사랑, 믿음
물리적 매력	국토(장소)의 매력, 많은 인재 보유, 좋은 사회기반 시설
재정적 매력	비즈니스 활동이 용이한 환경, 세율이 낮고 안전한 투자처
리더십 매력	강한 리더십 있음, 국가의 비전을 알리고 소통함, 국제법 준수
문화적 매력	사회적·문화적 다양성, 화려한 역사, 엔터테인먼트 활동 제공
사회적 매력	대의명분 중시, 세계 커뮤니티에서의 책임감, 환경보호 활동

출처: 파소 등, Country Reputation From Measurement to Management, 2005년

알아보는 논문을 발표했다. 이 논문에서는 530명의 미국인을 대상으로 대한민국, 대한민국 기업, 대한민국 제품에 대해 평가를 요청하고 비교했다. 그 결과, 소비자들은 대한민국에 대한 국가평판보다는 해당 기업의 기업평판에 더 많은 영향을 받는 것으로 나타났다.

그렇다면 기업평판에 대해 좀 더 자세히 살펴보자. 지금까지 기업평판과 기업평판을 구성하는 요소에 대한 연구가 개인평판이나 국가평판에 비해서 훨씬 다양하고 깊이 있게 이뤄졌기 때문이다. 연구자에 따라 초점이 조금씩 달라서, 정서적인 요인을 중시하는 연구자가 있는가 하면 기업의 본질이나 경쟁력, 또는 커뮤니케이션 요소를 강조하는 학자들도 있었다. 폼브런 Fombrun, 1996과 카루나아Caruana, 1997는 평판이 기업이 만드는 제품의 품질이나 근무 환경, 사회적 책임감, 재무적인 성과 등 기업의 본질적 부분에 대한 종합적인 평가라고 소개했다. 멜레와르와 젠킨스Melewar & Jenkins, 2002는 기업의 커뮤니케이션 활동이 평판 형성에 중요한 영향을 미친다고 주장했다. 즉, 경영관리나 마케팅 등은 물론 주주, 고객, 사원 등과의 관계에서 이루어지는 투명하고 원활한 커뮤니케이션이 평판의 중요한 구성요소라고 강조했다.

기업평판을 측정하는 평판지수로는 폼브런1996·2004이 만든 평판지수RQ, Reputation Quotient가 있다. 평판이 종합적인 개념인 만큼 개인의 반응이나 응답을 평균해 도출하는 것이다. 3개 대륙에서 광범위한 소비자조사를 통해 만들어진 이 기업평판 지표는 6가지 영역을 포괄한다. 6가지 영역은 감성적 매력(호감, 존경, 신뢰 등), 제품과 서비스(품질, 혁신성, 가치 등), 근무 환경(우수한 직원, 공정한 처우 등), 재무성과(수익성, 성장 가능성, 경쟁력 등), 비전과 리더십(시장 기회 활용), 사회적 책임감(공익활동, 환경보호)이다.

평판 전문가인 다울링Dowling, 2001은 국가평판과 기업이미지, 산업이미지, 제품의 브랜드이미지가 서로 영향을 주고받는다고 주장했다. 기업이미지에는 기업 자체는 물론, 기업에서 생산하는 개별 제품의 브랜드와 그 브랜드가 미치는 영향도 있다. 기업이 속한 산업의 이미지, 기업이 속한 국가도 기업이미지에 영향을 준다고 밝혔다. 즉, 국가평판은 기업평판에도 큰 영향을 미친다는 사실을 알 수 있다.

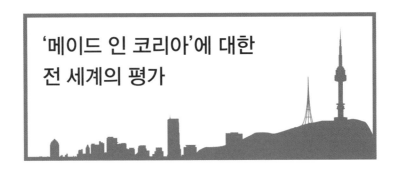

'메이드 인 코리아'에 대한 전 세계의 평가

"대한민국 상품의 디자인은 최고! 브랜드 인지도는 취약!"

이는 코트라가 2016년 7월, 전 세계 79개국 111개 무역관에서 대한민국 상품을 수입하는 바이어 961명을 대상으로 조사한 결과다.

코트라는 〈외국 바이어가 본 대한민국 상품의 경쟁력 현주소〉라는 제목의 보고서를 통해 주요 시장별·산업별 경쟁국과 우리 상품의 경쟁력을 비교 분석했다. 이 조사에 응한 외국 바이어 중 62.8%가 대한민국 상품을 수입하기 전 중국산 상품과 비교한다며, 대한민국의 최대 수출 경쟁국으로 중국을 지목했다. 그 다음으로는 일본(45.6%), 미국(30.7%), 독일(21.0%), 대만(20.1%) 제품을 한국산과 비교한다는 응답이 이어졌다. 이들 5

개 국가가 한국산 제품의 주요 경쟁국인 셈이다.

특히 북미 바이어의 88%, 일본 바이어의 80%는 대한민국 상품을 중국 상품과 비교한다고 답해 대한민국과 중국의 치열한 수출 경쟁 실태를 보여줬다. 반면 중국 바이어들은 대한민국 상품의 최대 경쟁 대상은 중국 제품이 아닌 일본 제품이라고 응답했고, 그 다음으로는 미국, 중국, 대만 제품을 꼽았다. 유럽 국가 중에서는 이탈리아(9.4%) 제품이, 중동에서는 인도 제품이, 북미에서는 멕시코 제품이 우리 제품의 경쟁 대상으로 꼽혔다.

산업별로 중국과 가장 많이 경쟁하는 분야는 전기·전자, 기계·장비, 의료 바이오 업종으로 조사됐다. 이 가운데 전기·전자 분야는 바이어의 87.6%가 대한민국과 중국 상품을 비교한다고 응답했다. 일본은 농수산식품, 생활소비재 분야에서 대한민국의 최대 경쟁국으로 나타났다.

대한민국 상품의 경쟁요소별 비교에서는 '디자인'이 가장 우수하다는 평가를 받았다. 대한민국과 중국 상품을 비교하는 바이어가 많아 평균 순위가 상대적으로 높게 평가되었기 때문이다. '가격 대비 품질'은 중국에 이어 두 번째로 높은 평가를 받았다. '기능'은 독일에 비해 다소 부족하지만 일본과 유사한 수준으로 평가됐다.

그러나 대한민국 상품의 '브랜드 인지도'는 10대 경쟁국 중 6위

| 대한민국 상품의 주요 경쟁국 순위 |

순위	국가명	응답률(%)
1	중국	62.8
2	일본	45.6
3	미국	30.7
4	독일	21
5	대만	20.1

*복수응답 가능

출처: 〈외국 바이어가 본 대한민국 상품의 경쟁력 현주소〉, 2016년

로 평가됐다. 브랜드 경쟁력 확보가 가장 시급한 과제로 꼽힌 것이다. 대한민국의 브랜드 인지도는 독일, 일본, 미국, 이탈리아, 프랑스보다 낮은 6위를 기록했다. 외국인들은 대한민국 상품의 브랜드를 잘 알지 못하고 그 차별성도 인식하지 못하는 상황이다.

이번에는 산업별로 살펴보자. 전기·전자 분야에서 대한민국 상품의 기능·디자인 경쟁력은 1위였지만 브랜드 인지도는 일본·독일 등 선진국보다 낮은 5위를 기록했다. 생활소비재 분야에서는 가격 대비 품질이 1위, 기능과 디자인도 각각 2위를 기록해 향후 수출 유망 품목으로 전망을 밝히고 있다. 의료 바이오 분야에서도 가격 대비 품질에서 1위를 기록했다.

| 대한민국과 경쟁국의 상품 경쟁력 비교 순위 |

순위	디자인	기능	내구성	가격	가격 대비 품질	브랜드 인지도
1	대한민국	독일	독일	중국	중국	독일
2	일본	일본	일본	인도	대한민국	일본
3	이탈리아	대한민국	프랑스	태국	대만	미국
4	프랑스	이탈리아	대한민국	대만	이탈리아	이탈리아
5	독일	프랑스	미국	대한민국	인도	프랑스

*복수응답 가능
* '브랜드 인지도' 항목에서 대한민국은 6위로 순위권 밖이었다.
출처: 〈외국 바이어가 본 한국 상품의 경쟁력 현주소〉, 2016년

외국 바이어들은 5년 후 대한민국 상품의 경쟁력이 모든 측면에서 향상되리라고 전망했다. 기능은 일본을, 가격 대비 품질은 중국을 넘어설 것이다. 브랜드 인지도도 2위 정도로 올라설 것이라며 낙관적으로 전망했다.

코트라는 "대한민국 상품의 품질 경쟁력이 양호한 것으로 나타났다. 각 시장별로 대한민국 상품의 강점을 적극적으로 활용하는 글로벌 마케팅을 펼치고 미흡한 분야로 지적받은 브랜드 인지도를 높여 전체적인 브랜드 파워를 보강하는 전략이 필요하다"고 제안했다.

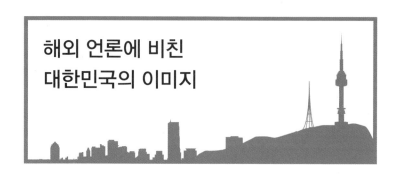

해외 언론에 비친
대한민국의 이미지

'해외 언론에 비친 대한민국의 국가이미지는 어떻게 바뀌어
왔을까?'

10년의 터울을 두고 발표된 2편의 논문을 비교해보면 이 질
문에 대한 개략적인 답변이 가능하다. 성균관대학교 김정탁 교
수 등은 2002년 〈미국 언론에 나타난 동북아 3국의 국가이미
지 비교 연구〉라는 논문을 발표했다. 그리고 10년 후인 2012년
숙명여자대학교 이병종 교수가 〈국제 언론에 비친 한국의 이
미지 연구〉라는 논문을 냈다.

우선 첫 번째 논문은 당시 미국 언론에서 대한민국을 포함
한 동북아 3국 관련 보도가 차지하는 비중을 확인했다. 특정 국
가에 대해 미디어가 어느 정도 지면을 할애하는지는 각 국가에

서 해당 국가를 얼마나 중요하게 생각하는지 단적으로 보여준다. 또한 보도의 양과 내용은 그 나라 국민들이 특정 국가의 이미지를 형성하거나 변화시키는 데 큰 영향을 미친다는 점에서 중요하다. 〈뉴욕타임스〉와 〈LA타임스〉 속 대한민국 관련 보도는 각각 15%, 8%에 그쳤다. 중국에 관한 보도가 각각 48%, 53%인데 비하면 3분의 1에도 미치지 못하는 양이었다. 내용도 중국에 대한 보도에 비해 훨씬 단순하고 단편적이었다. 일본에 비해서도 마찬가지였다.

다음으로 대한민국에 대한 기사 내용이 긍정적인지 혹은 부정적인지를 살펴보았다. 앞의 두 언론에 보도된 대한민국 관련 기사는 부정적 내용보다 긍정적 내용이 더 많았다. 전체 107건의 보도 가운데 중립적인 내용을 제외하면 긍정적 기사가 44건(58.7%)으로, 부정적 기사 31건(41.3%)에 비해 더 많았다. 긍정적 이미지를 제공한 주제 중 하나는 2000년 6월 성공적으로 치러진 남북정상회담이었다. 한반도 전체에 평화와 화해 분위기가 확산되고 있다는 평가였다. 그 다음은 대한민국 경제 전반과 역사, 전통문화, 과학기술 순으로 나타났다.

부정적 기사의 소재로는 민주적 선거 제도에도 불구하고 실제로 민주주의가 크게 성숙되지는 못했다는 내용 등이 있었다. '제왕적 대통령'이라는 용어가 쓰이며 대한민국이 정치 후진국에 머물러 있다는 인식을 보여주기도 했다. 이처럼 대한민국 정치에 대한 비판적인 견해를 비롯해 경제 위기, 의료계 파업, 반미 감정, 사회불안, 질병, 끊이지 않는 데모 등과 같은 내용이 다뤄졌다. 이런 보도는 미국 국민들에게 대한민국이 파업이나 데모, 시위가 끊이지 않는 국가라는 기존의 부정적인 인식을 더욱 강화시켰다.

그중 대한민국 경제에 관한 내용은 긍정적 보도와 부정적 보도가 혼재되어 있었다. 부채를 비롯해 적자, 도산기업 속출, 증시 스캔들과 같은 부정적인 내용과 투자 증가, 견실한 성장세, 경제 회생 가능성 등 긍정적인 표현이 동시에 나타났다.

다음으로 10년이란 세월이 흐른 2012년, 해외 언론에 비친 대한민국의 이미지를 살펴보자. 이병종 교수는 특정 기간 동안 보도된 4개국(미국, 영국, 일본, 중국) 언론사의 대한민국 관련 기사를 비교 분석하고, 그 내용에서 유추할 수 있는 이미지를 조사했다. 그 결과, 4개국 언론은 대한민국 관련 기사의 주제나 취재원, 논조 측면에서 차이를 보였다.

미국과 중국은 대한민국의 사회 분야에, 영국과 일본은 대한민국의 경제 분야에 상대적으로 더 관심이 많았다. 또한 일본과 중국 언론은 다른 나라에 비해 대한민국의 문화에 대해 더 많이 다루었으며, 논조도 서구 언론에 비해 긍정적이었다. 예를 들어 중국과 일본 언론은 대한민국의 대중문화가 매력적이고 열정적이라고 호평했다.

서술 내용에서도 차이를 보였다. 미국 언론은 대한민국을 '중요한 우방' 혹은 '우호적인 이웃'으로 묘사했다. 영국과 중국 언론이 주로 '대한민국의 미숙한 점'이나 '풀어야 할 숙제' 등을 다룬 것과는 대조적인 모습이다. 경제 분야의 경우, 미국과 영국 언론은 양극화나 격차에 많은 초점을 뒀다.

일본과 중국은 경제 분야에서 대한민국을 바라보는 시각이 영미권과는 달랐다. 일본은 대한민국을 경쟁국으로 생각했지만, 중국은 대한민국을 협력국으로 인식하고 있었다. 이 결과는 각국의 언론이 자국 내 사정에 따라서, 혹은 언론사가 가진 논조에 따라서 대한민국에 대한 이미지를 서로 다르게 묘사한다는 점을 말해준다.

고무적인 변화도 발견되었다. 〈뉴욕타임스〉 4년 치 기사 분석에 따르면 대한민국에 대한 이미지는 국방이나 정치, 경제 등 하드파워 주제에서 문화, 예술, 가치, 철학, 교육, 생활 등 소프트파워 주제로 옮겨가고 있다. 이 같은 흐름은 국가브랜드위원회가 2011년 서울에 상주하고 있는 외신 특파원들을 대상으로 한 대한민국 관련 인식 조사에서도 비슷하게 나타났다. 즉, 정치 분야에서는 여전히 남북 대결이나 정치 분열, 정치 갈등 등 부정적인 이미지가 강했지만, 경제 분야에서는 기업 성장, 기술발달 등에 따른 긍정적인 이미지가 강해졌음을 확인할 수 있었다. 사회 부문에서는 과거와 현재가 공존한다는 중립적인 이미지가 많았으며, 문화 분야에서는 '한류'로 대표되는 긍정적인 이미지가 만들어졌다.

　또한 외신 특파원들은 출신 지역에 따라 대한민국 이미지 요소 중 관심을 보이는 부분이 다르게 나타났다. 아시아 출신 서울 주재 특파원들은 대한민국의 문화나 경제에 더 관심이 많았지만 북미와 유럽 지역 특파원들은 정치, 특히 남북 문제에 좀 더 초점을 맞추고 있었다. 이 조사 결과를 활용하면 어떤 나라에 어떤 내용의 홍보를 해야 국가브랜드나 기업평판 향상에 도움이 될지 알 수 있을 것이다.

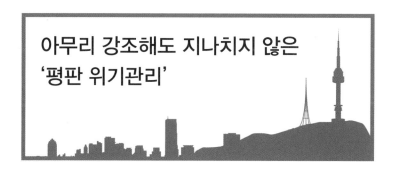

아무리 강조해도 지나치지 않은 '평판 위기관리'

평소에 국가평판을 잘 관리하는 것도 중요하지만 위기가 닥쳤을 때 제대로 대처하는 것도 매우 중요하다. 북한의 핵 실험이나 대한민국에 대한 비판, 전쟁 위협 등이 대표적인 위기라고 할 수 있다. 단발적인 사건으로는 해외에서 비웃음을 샀던 대한항공의 '땅콩 회항' 등이 있다.

좋은 국가평판이나 국가이미지를 구축하는 데는 많은 시간과 노력이 필요하다. 그러나 좋지 않은 사건은 단 몇 시간 이내에 전 세계로 퍼져나간다. 특히 사람들은 부정적인 소문이나 뉴스를 사실로 간주하는 경향이 짙다. 나쁜 소식은 빠르게 멀리까지 전해질 뿐 아니라 사람들의 기억에 오랫동안 남는다. 나쁜 사건들은 시간이 지나더라도 쉽게 잊히지 않고 마음속에 계속 남아 있는다는 것이다. 사이먼 안홀트는 이를 두고 국가에 일종의 고정관념이 생기기 때문에 겪는 어려움이라고 표현했다.

예를 들어 일본 신문 기자의 허위보도로 인해 대한민국의 평판이 저하된 사건이 있었다. 이후 일본에서 도발적인 제목이 붙은 책 한 권이 출판돼 독자들의 시선을 사로잡았다. 책 제목은《나는 대한민국을 어떻게 이겼나. 박근혜 정권과의 500일 전쟁なぜ私は韓国に勝てたか 朴槿恵政権との500日戦争》이었다. 저자는 〈산케이신문〉의 가토 다츠야加藤達也 전 서울지국장으로, 2014년 4월 16일 세월호 침몰 사건 당일의 박근혜 대통령 행적에 관한 기사를 썼다. 2014년 8월 발표된 '박근혜 대통령, 여객선 침몰 당일 행방불명… 누구와 만났을까'라는 제목의 기사였다. 가토의 이 기사에는 세월호 참사 당일의 박근혜 대통령의 행적을 스캔들과 연결 지으려는 의도가 숨어 있었다.

한 시민단체의 고발로, 대한민국 검찰은 가토를 박근혜 대통령에 대한 명예훼손 혐의로 기소했다. 하지만 이는 단순한 명예훼손 사건이 아니었다. 외교 문제로 비화되거나 언론 자유 논란으로 확산될 수도 있는, 매우 파급력이 큰 사안이었다. 검찰에 명예훼손 혐의로 불구속 기소된 그는 8개월간 출국 정지를 당했다. 언론의 허위보도나 오보도 문제이지만 언론 자유에 대한 제한이나 침해는 국제사회에서는 용인되기 어려운 문제이다. 이 사건으로 일본은 물론 국제 언론인단체 역시 뜨겁게 달아올랐다. 그 후 일본으로 귀국한 가토는 허위보도를 한 부끄러운 기자가 아니라 언론의 자유를 수호하다가 탄압받은 투사로 미화되어 있었다.

아베 신조 일본 총리가 그를 총리관저로 불러 격려했으며, 일본 우익과 보수 세력들은 그를 영웅으로 치켜세우기도 했다. 일본 언론과 여론의 관심은 그의 기사가 허위인지, 정확한 근거에 따른 사실보도인지에 있지 않았다. 대한민국에서 자국 기자가 언론의 자유를 탄압받았으며, 기소의 이유가 한국인들의 뿌리 깊은 반일 감정과 한·일 갈등에 있다는 것으로 초점이 맞춰졌다.

2015년 12월, 서울중앙지방법원은 해당 기사가 허위 사실을 적시하고 있고 사인私人으로서의 박근혜 대통령의 명예가 훼손되었지만 박근혜 대통령을 비방하기 위해서가 아니라 대한민국의 상황을 일본 독자들에게 전달하기 위해 쓴 내용으로 보인다고 판시했다. 또한 언론의 자유를 보장하고 소수 의견을 보호할 필요가 있는 만큼 무죄를 선고했다.

이 허위보도 사태를 돌이켜보자. 검찰이 해외 특파원을 덜컥 고발부터 한 발상과 행태에 문제가 있었다. 기본적인 사실 확인도 하지 않고 소문을 짜깁기해서 기사를 쓴 〈산케이신문〉에 대해서는 큰 대응 없이 한 줄짜리 논평만 냈어도 충분했다. 외교부 대변인이나 대변인실 직원이 짤막하게 "사실 확인도 제대로 하지 않은 엉터리 기사에 대해서는 외교부가 대응하거나 논평 자체를 낼 가치도 없다"고 지적하고 넘어갔다면 어땠을까? 기본적인 구성요건조차 갖추지 못한 기사를 쓴 기자는 부끄러움을 느낄 것이고, 이런 기사도 제대로 걸러내지 못한 〈산케이신문〉은 신뢰도에 타격을 입었을 것이다.

검찰을 비롯한 대한민국 정부가 국제사회로부터 언론의 자유를 보장하지 않는다며 비판받을 이유도 없었을 것이며, 대한민국은 국가평판과 품격을 지킬 수 있었을 것이다. 외국 기자의 엉터리 기사를 무시하지 못하고 '긁어 부스럼'을 만든 이 사례는 대한민국 정부의 대응이 감정적이고 비전문가적이라는 사실을 여실히 보여줬다.

국가평판에 위기가 닥쳤을 때는 정부 대변인의 역할이 매우 중요하다. 대변인은 현재 벌어지고 있는 사건이나 쟁점이 되는 이슈에 대해 정확한 지식과 정보가 있어야 한다. 현재 벌어지고 있는 상황을 제대로 관리할 능력, 그리고 대내외 관계자들과 적절하게 소통하고 그들을 설득하기 위한 능력도 있어야 한다. 따라서 많은 국가들이 평소부터 복수의 대변인 그룹을 지정해놓고 미디어 트레이닝을 실시하며 위기에 대비한다.

중동 국가들과 크고 작은 전쟁이나 전투를 치러온 이스라엘이 대표적이다. 그들은 전쟁이라는 국가 위기 때마다 자국에 유리하도록 대외 커뮤니케이션 체계를 가동하고 있다. 이스라엘은 2008년 12월 27일 가자 지구에 공습을 실시하면서 뉴욕의 UN 본부를 출입하는 세계 각국의 기자들에게 이메일을 보냈다.*

이메일은 TIPThe Israel Project, 이스라엘 프로젝트이라는 단체의 명의로 보내졌다. 이스라엘은 핵심 메시지를 전 세계 주요국에 전달해 자신들에게 유리한 여론을 형성하도록 유도하기 위해서였다. 이메일 제목은 〈이스라엘 정부 관계자 및 전문가들의 코멘트 가능〉이었으며, 이메일 내용 중에는 미국에서 활동 중인 6명의 이스라엘 관련 인사와 이스라엘에 거주하는 유명인사 10명의 인적사항과 프로필, 즉시 연락 가능한 휴대전화 번호 등이 포함되어 있었다. 미국에 거주하는 주미 이스라엘 대사를 비롯해 주UN 이스라엘 대사, 이스라엘의 외교부 차관과 홍보처 국장 등이었다. 아울러 대변인이 영어, 프랑스, 독일어, 스페인어, 러시아어, 아랍어 등을 사용해 인터뷰를 할 수 있다고 적시해놓았다.

이스라엘 정부는 평소에 대변인이 각종 미디어 커뮤니케이션 기법을 익혀두었다가 전쟁이 발발하면 전 세계 여론에 막대한 영향력을 행사하는 미국이나 유럽의 미디어에 즉시 대응하

---

* 정용민, 《원 퍼센트》, ER북스, 2015.

는 시스템을 가동해오고 있다.

체계적인 훈련을 받은 이스라엘 측 대변인 그룹은 실제 전쟁이 발생하거나 국가적 재난이 닥쳤을 때, 숙달된 위기관리 커뮤니케이션 능력을 발휘해 철저하게 국익을 챙기고 있다.

불신국가

'불신국가不信國家.'

세계적인 홍보 회사인 에델만 코리아Edelman Korea가 2017년 대
한민국에 내린 진단이다.

에델만은 지난 2000년부터 매년 각국의 정부기관, 기업, 비정
부기구NGO, 미디어 등 4개 사회주체에 대한 신뢰도를 측정해
스위스 다보스포럼에서 발표하고 있다. 이번 조사에는 200명
의 여론 주도층을 포함한 1,150명이 참여했으며, 조사 기간은
2016년 10월 13일~11월 16일이었다.

대한민국의 사회 시스템이 제대로 작동되고 있다고 생각하는 국
민은 10명 중 1명(11%)에 불과했다. 나머지는 '대한민국 사회
시스템이 실패했다(48%)'거나 '사회 시스템에 대한 확신이 없
다(41%)'고 부정적으로 응답했다. 특히 정부에 대한 신뢰도는
28%였으며, 28개국 중 22위로 매우 낮았다. 1년 새 신뢰도가
가장 많이 떨어진 사회주체가 바로 정부였다. 정부 신뢰도는 전
년도(35%)보다 7%나 하락했는데 이는 전 세계 평균치(41%)보
다 크게 낮은 수준이다. 정부 관계자에 대한 신뢰도도 17%로
전년(27%)보다 10% 추락했다.

한편 자신과 비슷한 타인을 믿는다는 응답이 41%에 달해 대한 민국 국민들은 정부 관계자나 대기업의 최고경영자보다는 지인 에 대한 신뢰도가 더 높은 것으로 나타났다. 다른 4대 사회주체 에 대한 신뢰도 역시 전년 대비 모두 하락했다. 미디어(언론)에 대한 신뢰도는 전년도에 비해 3% 하락한 40%를 기록했다.

기업 신뢰도도 추락했다. 기업을 신뢰한다는 응답은 29%에 불 과해 조사대상 28개국 가운데 최하위를 기록했다. 기업을 이끄 는 리더에 대한 신뢰도 역시 급락했다. 최고경영자에 대한 신뢰 는 24%로 전년도(35%)보다 11% 떨어졌다. 조사 대상 28개 국 중 25위다. 일부 재벌의 횡포나 재벌 오너의 갑질, 정경유착 등에 따른 반감이 반영된 것으로 풀이된다.

대한민국의 4개 사회주체에 대한 평균 신뢰도는 38%에 불과 했다. 이 역시 세계 평균(47%)에 크게 못 미치는 수치로 조사 대 상 28개국 중 23위다. 에델만은 신뢰도 60~100%는 신뢰국 가, 50~59%는 중립국가, 49% 이하는 불신국가로 분류한다.

심지어 대한민국의 상류층도 대한민국 사회에 대한 신뢰가 낮았 다. 고소득층(가계소득 상위 25%)의 43%, 고학력층(대졸 이상)의 47%, 여론 주도층(뉴스미디어를 정기 구독하는 층)의 48%는 "대 한민국의 사회 시스템이 무너지고 있다"고 우려했다.

유명한 정치철학자인 프랜시스 후쿠야마Francis Fukuyama는 자신의 책 《트러스트》에서 경제의 80%는 경제학이 좌우하지만 나머지 20%는 '신뢰'가 결정한다고 적시했다. 기업과 고객, 기업과 우리 사회 간 관계에서도 신뢰가 중요하다. 개인과 개인 사이, 직원과 회사 간, 회사끼리, 소비자와 기업 간, 사회와 국가 간에서 모두 신의와 믿음이 중요하다. 신뢰는 가장 소중한 자산이다.

회사는 한두 해 적자가 나더라도 바로 문을 닫지는 않는다. 그러나 사회와 소비자의 신뢰를 잃으면 결국 망한다. 특히 동양문화에서는 신뢰가 더욱 중요하다. 서양에서는 잘못을 저지른 사람이 그에 상응하는 법적 책임을 지고 처벌을 받으면 되지만 동양문화에서 공동체에 대한 잘못은 배신으로 여기기 때문이다. 대표적인 사례가 가습기 살균제 파문을 일으킨 옥시다. 옥시의 영국 본사는 법적 책임을 지지 않기 위해 잘못이 명백하게 드러날 때까지 사과와 보상을 미루다가, 마지못해 보상안을 내놓고 대표가 사과했다. 그러나 대한민국에서는 대대적인 불매운동이 펼쳐졌고 소비자들은 옥시라는 브랜드가 붙은 모든 제품을 거부했다. 동양문화에서 깨어진 사회적 관계를 회복하기 위해서는 반드시 진정성 있는 사과를 적절한 시기에 해야 한다.

소비자는 기업이 발생한 문제를 스스로 해결해야 하는 도덕적 의무를 지닌다고 믿기 때문에 불쾌한 느낌이 끓는점(비등점)을 넘어가면 화내는 것을 넘어서 복수하려는 단계까지 접어든다. 진정성이 없다고 느껴지면 더욱 분노한다. 워싱턴주립대학교 교수 토머스 트립Thomas M. Tripp에 따르면 온라인 불만 사이트에 불만을 접수한 소비자의 96%는 제품에 대한 문제보다 문제가 발생한 후 기업의 대처 방식에 화가 났다고 말했다. 특히 지금처럼 모바일 매체가 발달하고 소셜미디어를 통해 정보가 실시간으로 확산되는 시대에는 신뢰가 더욱 중요하다. 사실에 기초한 부정적인 댓글은 단 한 줄만으로도 회사에 치명타를 줄 수 있다. 부정적 내용의 단신 기사가 수십 개의 긍정적 댓글을 압도해버린다. 2013년 지역대리점에 대한 강매와 막말로 우리 사회에 갑을관계 파문을 일으켰던 한 유제품 회사는 지금도 사건이 발생하기 전인 2012년의 영업이익(637억 원)을 회복하지 못하고 있다. '갑질'로 물의를 빚은 대기업 중에서도 여전히 이미지를 회복하지 못한 곳이 많다.

경제뿐 아니라 정치에서도 신뢰는 매우 중요하다. 그에 관련한 유명한 이야기가 있다.

공자의 제자가 "정치란 무엇입니까?"라고 물었다.
그러자 공자는 다음과 같이 답했다.
"백성을 먹이고(식량), 지키고(군대), 믿음을 얻는 것(백성의 신뢰)

이다."

공자의 제자는 3가지 중 부득이 한 가지를 포기해야 한다면 무엇부터 버려야 하느냐고 재차 물었다. 공자는 '무신불립無信不立'을 강조했다. "우선 군대를, 그 다음엔 식량을 버려라. 백성의 신뢰[民信]는 끝까지 지켜라. 백성의 신뢰가 없다면 나라가 설 수 없다."

공자와 제자의 대화는 그동안 여러 차례 신뢰 위기를 겪은 대한민국 정치에도 그대로 적용된다. 수많은 정치인들이 일단 선거에 이기기 위해 지키지 못할 것을 알면서도 거창한 공약을 내건다. 그리고 당선된 이후에는 약속한 것을 지키기는 커녕 전혀 다른 행동을 하면서 국민들에게 배신감을 안겨준다. 특히 기성 정치인들과는 다른 행보를 보여줄 것으로 기대했던 새로운 정치지도자들이 엉뚱한 행동을 할 때는 '믿는 도끼에 발등을 찍혔다'는 생각 때문에 실망감이 더욱 크다.

국가 구성원 간 신뢰와 경제적 번영 사이에도 밀접한 상관관계가 있다. 경제학자인 미국 클레어몬트대학교 교수 폴 자크Paul Zak, 2001는 신뢰가 '국가의 부'를 증명해주는 가장 강력한 지표라고 밝혀냈다. 그는 "대부분의 사람들을 신뢰할 만합니까?"라는 질문을 던진 후 각국 국민의 반응을 확인했다. '그렇다'는 응답은 한국인이 30%, 우간다와 필리핀은 10% 미만에 불과했다.

일본(42%)을 비롯해 청렴도가 높은 국가인 노르웨이, 덴마크의 긍정 응답률은 60% 이상에 달했다. 북유럽 등 국가평판이 높은 나라일수록 신뢰를 지킬 경우 보상을 해주고 신뢰를 저버리는 행동은 처벌하는 방향으로 규범과 제도, 사회 시스템이 구축됐기 때문이다. 자크의 이 연구 결과는 가난이 사회의 낮은 신뢰도와 밀접하게 관계가 있다는 것을 보여준다. 해외뿐 아니라 국내에서도 신뢰가 경제적 결과물과 뚜렷한 상관관계가 있다는 연구 결과는 많다. 대한상공회의소가 2016년 10월 내놓은 보고서에 따르면, 대한민국의 사회적 신뢰도가 핀란드나 스웨덴 등 북유럽 수준으로 올라갈 경우 대한민국의 경제성장률은 1.5% 포인트 높아져서 연간 경제성장률이 4%대를 기록할 수 있을 것으로 예상했다.

이제 시선을 내가 속한 조직과 사회로 돌린 후 자문해보자.
"우리 조직이 사회에서 더욱 신뢰받기 위해선 무엇부터 해야 할까?"
"대한민국 공동체의 신뢰도를 높이기 위해 시민과 기업, 정부는 각각 어떤 일을 해야 할까?"

대한민국의 내부평판 vs 외부평판

'기회가 된다면 해외로 이민 가고 싶다.'

대한민국 성인남녀 10명 중 7명은 다른 나라로 이민 갈 의향이 있는 것으로 조사됐다. 2017년 1월 취업포털 잡코리아와 아르바이트포털 알바몬이 성인남녀 4,802명을 대상으로 실시한 이민 관련 설문조사 결과다. 응답자 중 70.8%는 '기회가 된다면 외국으로 이민을 갈 의향이 있다'고 답했다. 해외 이민에 대한 선호도는 여성(74.9%)이 남성(66.3%)에 비해 높았다. 또 젊을수록 이민을 선호했는데 20대는 무려 73.7%가 이민을 떠날 의향이 있다고 답했다. 그 다음으로는 30대(72.4%), 40대(62.8%), 50대 이상(42.8%) 순이었다.

해외로 이민 가고 싶은 이유(복수응답)로는 '치열한 경쟁 사회에서 떠나 여유로운 삶을 살고 싶다'는 희망이 51.2%로 압도적으로 많았다. 그 다음은 부정부패가 만연한 정부에 가망이 없어서(24.8%), 해외의 선진적인 복지제도를 누리고 싶어서(18.1%), 자녀 교육을 위해(15.0%), 부의 양극화 문제가 심각해서(13.4%) 순으로 집계됐다.

세대별로는 50대 이상에서는 안정적인 노후를 위해 이민을 희망한다는 응답자가 많았으며 40대들은 자녀교육(21.4%) 때문에, 20대는 치열한 경쟁 사회가 싫어서 떠나고 싶다는 답변(55.7%)이 많았다.

이민을 가고 싶은 국가로는 캐나다가 22.1%로 1위를 차지했다. 그 다음으로는 호주(14.4%), 미국(11.3%), 뉴질랜드(10.9%), 스위스(6.3%) 순이었다. 이민 가고 싶은 국가를 선택한 가장 큰 이유로는 사회 분위기와 문화를 선택한 응답자가 35.4%로 가장 많았으며, 그 다음으로는 복지제도(29.8%), 자연환경(13.3%), 소득수준(6.6%), 일자리(4.7%)로 나타났다.

그런데 대한민국에 대해 한국인들 스스로 느끼는 내부평판과 외부에서 대한민국을 바라보는 외부평판 사이에는 괴리가 있다. 한국인들은 '헬조선'이나 '흙수저 국가', '대한민국이 싫다'라고 표현하며 비판한다. 내부평판이 매우 낮다고 할 수 있다. 이는 위와 같은 설문조사 결과에서 눈에 띄게 드러난다.

그러나 해외에서 바라본 대한민국에 대한 외부평판은 어떤가. 경제 부문에서 짧은 기간 동안 기적적으로 압축 성장을 이뤘으며 정치적으로 최단 시일 내에 민주화를 달성한 나라이다. K팝을 비롯해 K뷰티, K컬처를 통해 세계에서 칭찬과 인정을 받고 있다. 평판 분야 전문가들은 내부평판에서 외부평판을 차감해서 평판격차Reputation Gap를 산출한다. 따라서 대한민국의 국가평판에는 상당한 부정적인 격차Negative Gap가 존재한다고 할 수 있다. 국가평판에 대한 부정적 격차가 생길 때 어떤 현상이 나타날까? 첫째, 대한민국을 떠나려고 하는 사람들이 늘어난다. 대한민국의 정치·정부·재벌 구조에 실망한 사람들 가운데 이민을 생각하는 사람들이 많아질 가능성이 높다. 해외에서도 괜찮은 직장을 잡을 수 있는 글로벌 경쟁력을 갖춘 우수한 인재부터 외국으로 빠져나갈 확률이 높다. 고급 두뇌가 유출되는 것이다. 반면 대한민국의 좋은 외부평판에 매력을 느껴서 대한민국으로 이민 오는 사람들은 저숙련 노동자를 중심으로 급속히 늘어날 것이다. 둘째, 대한민국 생활에 대한 만족도가 낮아 사회 전체적으로 짜증 내고 분노하는 사람들이 많아질 것이다. 셋째, 공동체가 뭉쳐서 새로운 뭔가를 창출해내는 게 쉽지 않고 새로운 성장 동력을 찾아내기 위한 에너지를 모으기 어렵다. 결국 서로에 대한 불신과 상대방에 대한 원망으로 공동체가 분열되고 쪼그라들 가능성도 있다.

변화가 요구되는 대한민국의 재벌
스웨덴 발렌베리 가문의 교훈

대한민국 재벌 vs 스웨덴 발렌베리 가문.

대한민국 재벌의 사회적인 책임인 노블레스 오블리주Noblesse Oblige를 이야기할 때 등장하는 단골 소재이다. 스웨덴의 발렌베리 가문에서 최고경영자가 되기 위해서는 부모의 도움을 받지 않고 명문대를 졸업해야 하고 해군 장교로 복무해야만 한다는 규칙이 있다. 능력 없는 자녀가 후계자가 되는 것을 방지하기 위한 자격 요건이다. 이 가문은 배당금을 모두 재단에 귀속시켜 매년 13억 스웨덴 크로나(약 1,789억 원)를 교육·연구 등 공익을 위해 사용한다. 발렌베리 가문은 스웨덴 국민의 존경을 받고 있다.

선진국에서도 대기업은 대부분 가족기업이지만 유독 대한민국에서만 가족기업에 대한 이미지가 부정적이다. 이는 재벌 2·3세가 이른바 '갑질 논란'을 일으키거나 정경유착, 형제 간의 경영권 다툼을 빈번하게 벌이면서 국민들의 신뢰를 잃었기 때문이다. 재벌이 국민 기업으로서 면모를 보이지 못하자 국민들은 허탈감이나 배신감을 갖게 되었다. 대한민국은 압축적인 경제발전 과정을 거치며 국가와 기업의 공동체적 성격이 강해졌다. 국가는 국민들을 절대적 빈곤에서 벗어나게 하고 경제적 성장을 추진할 동력을 찾으려는 목표가 있었고 재벌들은 경제 성장을 통해 국가 발전에 기여한다는 '산업보국産業保國'의 가치를 내걸었다. 국가와 재벌 사이에 공동의 목표가 있었던 만큼 국가는 재벌을 적극 지원해줬다.

대표적인 예가 관치官治금융이다. 그 당시 정부는 산업 자금을 제공해 기업을 키우기 위해 은행에 역마진까지 지시했다. 역마진이 생기면 예금금리보다 대출금리가 낮아서 은행이 손해를 입게 된다. 경제를 성장시키고 싶지만 돈이 없었던 정부는 은행을 통한 기업 지원이라는 우회로를 택한 것이다.

물론 지금과 같은 재벌 중심의 경제체제가 갖춰진 배경에는 대한민국의 기업 구조가 100% 미국식 주주 자본주의가 아니라 상당히 변형된 형태의 오너 자본주의Owner Capitalism로 굳어졌기 때문이기도 하다. 이로 인해 지배구조 개선을 포함한 재벌 개혁이 경제민주화의 핵심 주제가 되었다.

선진국에서 재벌이 해체되는 이유는 크게 4가지로 나뉜다. 첫째는 재벌이 3·4대로 내려가며 능력 있는 자손이 없어져 자연스럽게 사라지는 경우다. 둘째는 독점금지법 등을 통해 재벌을 규제하는 형태다. 셋째는 제2차 세계대전 후의 일본처럼 재벌이 외부세력에 의해 강제로 해체되는 유형이다. 넷째는 재벌 총수가 스스로 문제 해결을 위해 나서는 것으로, 재단 설립이 대표적이다. 스웨덴의 발렌베리 그룹은 네 번째 방식을 택했다. 발렌베리는 스웨덴 전체 기업의 4분의 1을 차지하고 있을 정도로 거대한 그룹이지만 투명한 공익재단을 운영하고 있어서 그룹에 대한 이미지가 상대적으로 좋다.

선진국 사례를 보면 개발도상국과 중진국까지 재벌체제가 유지되다가 선진국에 진입했을 때 재벌 체제가 해체되는 경우가 많다. 대한민국의 재벌기업들도 이같은 터닝포인트(변곡점)에 들어섰다. 대한민국의 재벌들이 품격을 갖추려면 좀 더 공동체의식을 가져야 한다. 사적 소유권은 절대적 권리가 아니며 일정 부분은 공동체의 필요와 복지를 위해 사용되어야 한다는 생각을 가질 필요가 있다. 국가든 기업이든 절대권력은 부패하는 만큼 기업의 운명을 한두 명의 기업가의 자의적 판단에만 전적으로 의존하는 것은 위험하다. 장기적으로는 기업 경영이 핏줄에 의한 가문의 통치에서 벗어나 기업공동체 내에서 가장 유능한 사람이 관리하는 체제로 전환되어야 한다. 기업의 품격을 높이려면 선제적이고 자발적인 사회공헌도 필요하다. 혁신에 기초한 기업가 정신을 강조했던 경제학자 조지프 슘페터Joseph Schumpeter의 주장대로 기업의 사회적 책임 활동은 기업 외부의 도전으로부터 일정 부분 기업을 보호해주는 방파제와 같은 역할을 하기 때문이다.

국가에서는 재벌의 자발적인 쇄신 노력은 권면하고 정치권이 국민들에게 반재벌 정서나 감정을 부추기는 것은 경계해야 한다. 자칫하면 소의 뿔을 고치려다가 소를 죽이는 교각살우矯角殺牛의 어리석음을 범할 수 있기 때문이다. 대한민국 재벌들은 그동안 대규모 투자와 고용으로 대한민국 경제의 성장을 이끌어왔고 양질의 일자리를 공급해왔다. 천문학적인 세금과 준조세 납부를 통해 국가의 재정에도 기여해왔다. 필자가 수년 전 대만 출장 때 만난 현지 중견기업 사장은 재벌을 갖고 있는 대한민국의 경제 구조가 부럽다고 털어놨다. 대만의 경제는 중소·중견기업 위주라서 삼성전자나 현대자동차, 현대중공업처럼 수십조 원이 들어가는 대규모 투자를 할 수 없고, 새로운 성장 동력을 찾아내 과감하게 도전하기도 어려운 구조라고 말했다. 그동안 재벌이 대한민국 사회에 기여해온 업적도 많은 만큼 순기능은 계속해서 살려나가도록 해야 한다. 재벌기업이 구축한 국제시장에서의 탄탄한 조직과 인적·물적 네트워크는 기업의 소중한 자산이다. 정부와 정치권, 국민도 장기적이고 대국적인 견지에서 재벌이 대한민국 사회를 위해 계속해서 좋은 역할을 담당할 수 있도록 뛸 만한 공간을 마련해줘야 할 것이다.

品
格

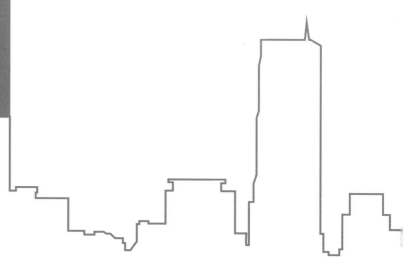

PART 5

대한민국의
품격을 높이려면

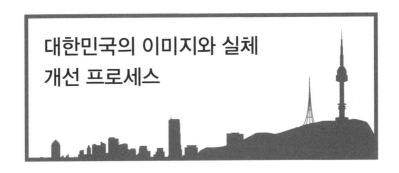

대한민국의 이미지와 실체
개선 프로세스

현재 대한민국은 '코리아 디스카운트' 상태이다. 대한민국의 실제적인 모습이나 실력에 비해 국제사회에서 낮은 평가를 받고 있다는 뜻이다.

외국인들이 한 나라에 대해 갖는 이미지는 그 나라에 대해 알고 있는 사실이나 논리적인 이해에서 비롯되는 '인지적Cognitive 이미지'와 좋아하거나 싫어하는 감정에서 오는 '감성적Affective 이미지'의 종합이라고 할 수 있다. '인식이 곧 현실Perception is reality'이라는 말처럼 대한민국이라는 나라의 실제 모습만큼이나 세계 사람들이 대한민국을 어떻게 인식하고 느끼느냐도 매우 중요하다.

유튜브와 소셜미디어가 발달하면서 여러 정보들이 실시간

으로 외국인들에게 전달되고 있지만, 대한민국의 모습은 여전히 현지 미디어의 렌즈를 통해 형성되는 경우가 대부분이다. 해외에서 소개되는 대한민국의 주요 뉴스는 비선실세의 국정농단이나 샤머니즘 국가 논란, 우리나라와 북한의 해상 무력 충돌, 강성노조 파업, 세월호 침몰 등 대한민국의 각종 사건 사고 소식이 대부분이다. 부정적 뉴스에 계속 노출되는 외국인들은 자연스럽게 대한민국에 나쁜 인상을 가질 수밖에 없다.

지금의 대한민국과 한국산 제품에 대한 평가는 대한민국의 실체보다 낮을 뿐 아니라 이상적인 대한민국의 이미지와도 거리가 멀다. 즉 '외부에서 본 대한민국 이미지 < 현재 대한민국 실체 < 희망하는 대한민국 정체성'이라고 말할 수 있다.

코리아 디스카운트 문제는 그동안 지속적으로 제기되어 왔지만 여전히 개선되지 않고 있다. 이는 2007년 산업정책연구원이 전 세계 21개국 대도시에 거주하는 성인 남녀를 대상으로 실시한 조사에서도 나타났다. 산업정책연구원은 대한민국이 수출을 많이 하는 24개국 국민을 대상으로 진행되었다. 전 세계 남녀 4,200여 명을 대상으로 '100달러짜리 한국산 제품과 똑같은 품질의 제품을 다른 나라에서 만들었을 때 얼마를 받을 것 같은가'라고 물은 것이다. 그 결과, 독일 제품이 155달러로 가장 높았고, 그 다음은 일본 제품(148.7달러), 미국 제품(148.6달러) 순으로 나타났다. 대한민국과 달리 독일과 일본, 미국 등은

국가	상품 가격(달러)
독일	155
일본	148.7
미국	148.6
대한민국	100

출처: 산업정책연구원, 2007년

프리미엄을 누리고 있는 것이다. 브랜드파워가 중시되는 옷이나 명품 가방 등 패션소품을 선택할 때 이런 경향은 더욱 두드러진다. 마케팅 연구의 대가인 필립 코틀러Philip Kotler 교수는 '특정 국가의 이미지에 따라 그 나라에서 생산되는 상품에 대한 이미지가 달라진다'고 설명했다.

코리아 디스카운트를 해소하기 위한 개선 작업은 크게 2단계로 나눠서 생각해볼 수 있다.

우선 국가의 대외 이미지를 끌어올려야 한다. 외국인들이 가진 대한민국의 이미지와 현재 대한민국의 실체를 같은 수준으로 만드는 것을 1차적인 목표로 삼아야 한다. 즉 '외부에서 본 대한민국 이미지 = 현재 대한민국 실체 < 희망하는 대한민국 정체성' 형태를 만들어야 한다. 외부의 평가인 이미지 개선 작업은 투입되는 비용이나 시간이 상대적으로 적어 단기간에

착수할 수 있기 때문이다.

우선 대한민국 브랜드를 세련되게 만드는 브랜딩 작업을 강화하고 세계인들과 제대로 된 커뮤니케이션을 하려는 노력이 필요하다. 돈이 많이 투입되는 물리적 환경의 개선 대신 도시 브랜드를 세련되게 바꾸는 데 집중해 관광객 유치와 이미지 개선에 성공한 미국 라스베이거스와 스페인 바르셀로나의 사례를 참고할 만하다.*

라스베이거스는 2000년대 초반 '라스베이거스에서 당신이 한 일은 어느 누구에게도 알려지지 않는다What happens in Vegas stays in Vegas'라는 슬로건을 내걸었다. 라스베이거스가 미국의 다른 지역에 비해 법의 저촉을 거의 받지 않는, 매우 자유로운 지역이라는 점을 강조한 것이다. 그들은 이 슬로건을 통해 도박이 합법적이며 다른 도시와 달리 혼인법도 까다롭지 않다는 차별점을 내세웠다. 주로 일상에서 탈출해 자유로움을 만끽하고 싶은 관광객들이 라스베이거스를 찾는다는 경향을 파악하고 이를 슬로건으로 보다 명확하게 표현한 것이다. 이처럼 라스베이거스는 자신들을 찾는 방문객에게 그들이 원하는 가치를 설명함으로써 도시의 가치와 수요를 높였다.

라스베이거스의 가치는 단순히 '유흥의 도시'에서 끝나지 않

---

* 한충민, 《국가브랜드 세계화》, 한양대학교출판부, 2016.

아주 자유로운 도시라는 강점을 내걸어 성공한 미국 라스베이거스

는다. 필자는 매년 1월 열리는 소비자가전전시회CES에 참석하기 위해 라스베이거스를 방문했던 적이 있다. 현지에 가보니 점점 더 많은 국제전시회가 라스베이거스에서 열리고 있다는 사실을 알 수 있었다. 많은 숙박시설과 전시장, 촘촘한 교통망 등의 장점을 활용해 컨벤션이나 국제회의, 각종 박람회를 개최하는 곳으로 변모하고 있었다. 이처럼 라스베이거스는 도시의 실체를 크게 바꾸지 않더라도 방문객에게 핵심가치를 명확하게 제시하면 이미지를 강화할 수 있음을 보여주는 성공 사례이다. 라스베이거스의 이미지를 관광의 도시에서 비즈니스 박람

회의 도시로 확장한 것처럼 한 번 형성된 이미지를 좀 더 넓은, 또 다른 분야로 확대시킬 수도 있다는 예이기도 하다.

스페인의 바르셀로나는 도시 자체가 총천연색의 대형 미술관과 같다는 특성을 잘 살렸다. 후안 미로 광장을 비롯해 피카소 미술관, 투우경기장, 안토니 타피에스 미술관, 달리 미술관, 구엘공원 등으로 이어지는 코스는 예술을 사랑하는 관광객들을 끌어들인다. 또한 바르셀로나에는 스페인의 대표적인 천재 건축가인 안토니 가우디Antoni Gaudi가 남긴 건축물이 넘쳐난다. 젊은 시절 건축가의 꿈을 담아서 지은 건물인 카사 비센스, 에우세비 구엘Eusebio Guell을 위해 지은 별장인 파베욘스 구엘, 외관이 곡선으로 이루어진 카사 바트요, 사그라다 파밀리아 성당, 심지어 레얄 광장의 가로등까지 모두 그의 작품이다.

바르셀로나는 가우디의 작품 등 다양한 예술작품을 적극적으로 홍보하면서 관광지로 각광받고 있다. 올림픽을 치른 다른 도시들이 기반시설이나 물리적 환경을 바꾸기 위해 아주 많은 돈을 투자한 것과는 달리 가우디를 비롯한 예술가들의 작품을 가졌다는 바르셀로나만의 특징을 자산으로 활용하면서 브랜드 가치를 끌어올린 것이다.

궁극적으로는 대한민국 이미지를 개선하고 실체를 높여 우리 국민들이 희망하는 수준까지 국가평판을 끌어올려야 한다. 즉 '밖에서 본 대한민국 이미지 = 현재 대한민국 실체 = 희

도시 전체가 미술관인 스페인의 바르셀로나

망하는 대한민국 정체성' 형태를 만들어야 한다.

우선 대한민국이 앞으로 가야 할 방향과 국가의 정체성을 도출해야 한다. 어떤 정치·사회·경제체제를 구축하고 개선할지에 대해 다양한 사람들이 심도 있게 논의해야 한다. 같은 선진국이라도 사회 구조나 문화는 제각각이다. 사회구조만 보더라도, 독일이나 일본은 사회주의에 가까운 반면 미국이나 영국은 소득격차나 사회양극화를 상당 부분 인정하고 받아들인다. 그러나 현재 대한민국의 많은 이익집단들은 구조적으로는 일본이나 독일과 같은 사회를 지향하면서도 경제적 혜택을 받을 때는 미국이나 영국식으로 행동한다. 심지어 '나만 혜택 받으면 된다'는 식의 이기적인 태도를 보이기도 한다. 이처럼 대한민국 사회 곳곳에 퍼져 있는 이중적인 기준과 잣대가 국제사회에서 대한민국의 평판을 떨어뜨리고 신뢰를 갉아먹고 있다.

실질적으로 나라의 가치를 높이는 방안은 과거 국가브랜드위원회에서 추진했던 역점 분야를 살펴보면 힌트를 얻을 수 있다. 이미 연구된 내용을 현 상황에 맞게 개선하는 편이 시간이나 비용 면에서 더 효과적이기 때문이다. 당시 국가브랜드 개선을 위한 방법으로 국제사회에서 대한민국의 역할 높이기, 세계 시민의식을 함양하고 외국인들의 문화 이해하기, 다문화 포용하기, 문화와 관광 분야의 매력 높이기, 대한민국의 첨단기술과 첨단제품에 대한 홍보 강화하기 등이 제안되었다.

| 어떻게 국가평판을 높일 것인가? |

이미지 개선

목표: 국가정체성 확립과 대한민국의 강점 홍보

실행방안
- 국가브랜드 슬로건을 정하고, 국가의 비전 공유 및 확산
- 대한민국에 대한 외국인의 잘못된 인식을 바로잡고 이미지 개선
- 대한민국의 첨단기술과 우수제품, 인재에 대한 홍보 강화
- 문화유산, 역사, 자연환경의 매력을 적극적으로 홍보
- 대한민국의 다양한 매력에 대한 지속적인 마케팅 활동

실체 개선

목표 1: 국민들의 글로벌 품격 높이기

실행방안
- 내부의 국제화를 통한 글로벌 시민의식과 품격 높이기
- 외국 문화에 대한 이해 확대, 다문화 포용력 키우기
- 국제사회에서 대한민국의 역할 강화 방안을 마련하고 실천

목표 2: 사회기반시설 확충

실행방안
- 외국인 관광객이 많이 들르는 기반시설 정비와 개선
- 랜드마크 시설 확충 및 도시 경관 개선
- 한강 등 자연환경과 조화를 이룰 인프라 확대

목표 3: 경제·사회 부문 제도 개선

실행방안
- 노동계·정치권·산업계의 담합구조와 기득권 타파
- 각종 제도 개선으로 기업을 경영하기 좋은 환경 마련
- 사회적·문화적 다양성을 높이고 문화 부문 역량 강화

중장기적인 관점에서는 국가의 인프라스트럭처, 즉 사회기반시설을 개선하는 작업이 필수적이다. 사회기반시설은 외국인 관광객이 몰리는 대도시의 랜드마크 시설부터 정비하고 개선해야 효과가 극대화된다. 시설 개선은 외국인 방문객의 안전이나 도시 치안과도 직결되기 때문이다.

이후에는 지방의 관광 여건을 개선해야 한다. 서울 이외의 지방 중에도 매력적인 관광지가 많으나 접근성이 좋지 않아 많은 외국인들이 불편을 호소하고 있기 때문이다.

장기적인 국가 실체 개선도 필요하다. 대한민국 산업의 세계 경쟁력을 높이고 문화적 역량을 배양하는 것이다. 시민의식도 선진화해야 한다. 장기 과제가 효과적으로 진행되려면 프로젝트 참여자들은 물론 국민 모두가 변화에 대한 필요성을 공감하고 비전을 공유해야 한다. 그래야만 시간과 돈을 투자하려는 사람들이 점점 더 늘어날 수 있다.

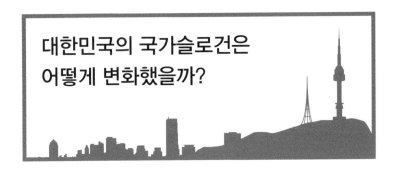

대한민국의 국가슬로건은
어떻게 변화했을까?

우리나라의 국가슬로건과 홍보는 어떻게 변화하고 진행 중일까? 2016년 7월, 우리나라의 새로운 국가브랜드 슬로건으로 발표된 '크리에이티브 코리아Creative Korea'에 대한 논란이 불거졌다. 프랑스의 산업 분야 브랜드인 '크리에이티브 프랑스Creative France'와 같은 단어를 썼을 뿐 아니라 이를 이미지화한 로고까지 너무 비슷하다는 비판이 일었다. 또한 많은 이들이 어떤 측면에서 대한민국이 '창조적인지' 모르겠다고 지적했다. 일각에서는 이 슬로건이 박근혜정부가 가장 역점을 두고 추진해온 주제인 '창조경제'를 그대로 번역한 단어가 아니냐고 물었다. 결과적으로 이 브랜드슬로건은 국민들에게 큰 공감을 얻지 못했다. 2017년, 문화체육관광부는 이 슬로건을 국내가 아닌 해외 이미지 홍보용으로만 사용하겠다는 계획을 밝혔다.

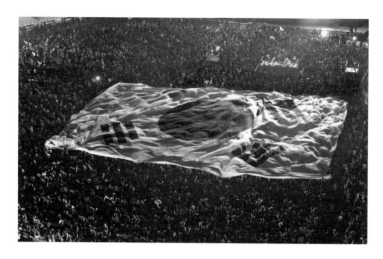

외국인들에게 많은 주목을 받았던 대한민국의 거리 응원 문화

대한민국 정부가 가장 활발하게 사용한 국가브랜드 슬로건은 '다이내믹 코리아Dynamic Korea'이다. 정부가 2002년 한·일 월드컵을 염두에 두고, 월드컵 합동보고회에서 채택한 것이다. 이전까지 사용한 슬로건 '조용한 아침의 나라Land of Morning Calm'와는 이미지가 상반됐지만 신명 나는 축제를 좋아하고 역동적인 한국인들의 특성을 잘 표현한 슬로건인 덕에 호응도가 나쁘지 않았다. 특히 2002년 한·일월드컵 당시 '대한민국, 짝짝짝~짝짝'이라는 구호를 외치며 펼친 거리 응원 문화가 크게 유행하면서 해외에서도 실제 대한민국 이미지와 슬로건이 잘 어울린다는 평가를 내렸다.

그러나 시간이 흘러 월드컵 4강 신화의 여운이 사라지자, 슬로건에 이의를 제기하는 목소리가 들리기 시작했다. 대한민국의 과격한 노사분쟁이나 데모가 세계 언론에 소개될 때, '다이내믹'이란 단어가 더욱 부정적인 영향을 미친다는 지적이었다.

이후 한국관광공사에서 외국인들을 겨냥해 만든 관광슬로건 '코리아 스파클링Korea Sparkling'을 발표했다. 활기찬 이미지를 강조하기 위한 의도로, 엄밀히 따지면 최초의 대한민국 관광브랜드였다. 그런데 외국인 자문단을 포함한 많은 사람들의 의견을 청취한 결과, 이 슬로건은 광천수나 소다수 등 음료수를 연상시킬 뿐 대한민국에 대한 어떤 이미지도 불러일으키지 못한다는 평가를 받았다.*

이는 2007년부터 2010년까지 사용되었으며, 이후 '대한민국에서 새로운 영감을 얻으세요Korea, Be Inspired', '상상하세요. 당신만의 대한민국Imagine Your Korea'으로 변경됐다.

한편 국가브랜드위원회는 설문조사와 외국인 의견 청취를 통해 대한민국의 높은 기술력이 국가브랜드에 좋은 이미지를 준다는 사실을 발견했다. 대한민국의 기술적 진보를 알리기 위한 연구 끝에 위원회는 대한민국 국가브랜드의 하위 슬로건으로 '어드밴스드 테크놀로지 코리아Advanced Technology Korea'를 만들

---

* 윤정인, 《코리아 브랜드 파워》, 매일경제신문사, 2010.

| 대한민국의 국가브랜드 슬로건의 변화 |

사용기간(년)	슬로건
2002~2007	다이내믹 코리아 Dynamic Korea
2007~2010	코리아 스파클링 Korea Sparkling
2010~2014	대한민국에서 새로운 영감을 얻으세요 Korea Be Inspired
2014~현재	상상하세요. 당신만의 대한민국 Imagine your Korea

었다. 미국 CNN과 영국 BBC 등 뉴스 전문 채널에 이 하위 슬로건을 바탕으로 대한민국 기업들의 첨단 기술력을 알리는 광고를 실시하기도 했다.

필자는 브랜드에 관한 10명의 전문가들을 대상으로 서면 포커스그룹 인터뷰FGI를 진행하면서 국가브랜드 슬로건과 국가평판을 높이기 위한 방법 등을 물었다. 당시 국가브랜드위원회 총괄과장을 지냈던 윤정인 박사는 대한민국의 새로운 국가브랜드 슬로건으로 '미라클 코리아Miracle Korea'를 제안했다. 한국인이 '미라클 유전자'를 가졌다고 가정하지 않고서는 대한민국의 역사나 발전, 문화 등에 대해 설명하기 힘든 부분이 많다는 것이다. 외국의 시각으로 바라보면, 대한민국은 단기간에 압축적인 경제성장을 이뤘으며 스포츠, 반도체, IT 산업 등 다양한 분야에서 두각을 보였다. 또한 거리 응원 문화, 평화적인 대규모 촛불집회 등 문화적인 측면에서도 '기적'이라고 설명할 수 있는 부분이 많다는 설명이다.

좋은 국가슬로건이 되려면 그 나라에 대한 기대감이나 호기심을 유발하는 동시에 국가의 정체성도 잘 반영해야 한다. 많은 국민들이 공감할 수 있는 국가브랜드 슬로건을 만들기 위해서는 전 세계적으로 사랑받는 다른 나라의 슬로건을 참고할 필요가 있다. 인도의 '믿기지 않는 나라 인도Incredible India'나 태국의 '경이로운 나라 태국' 등은 그 나라에 대한 상징력과 호감을 불러일으키는 대표적인 사례이다.

객관적으로 좋은 국가브랜드 슬로건이 만들어진 다음에는 대한민국의 정체성을 시각적으로 표현할 수 있는 국가 로고를 만들어야 한다. 이때 정부의 정체성을 보여주는 정부통합상징체계GI나 나라의 문장과도 어울리는지도 평가할 필요가 있다.

정부통합상징체계란 한 나라를 대표하는 마크로, 국가 산하 기관에 통합적으로 적용된다. 정부 조직의 이미지가 통일성 있게 확립되어야 하는 이유는 수요자인 국민과 외국인들에게 효율적인 행정 서비스 기관으로 인식되기 위해서이다. 기본적인 틀과 기준이 제공되면 중앙행정기관이나 지방자치단체에서 각각의 상징물을 만들기 위해 투입되는 인력과 예산 낭비가 줄어든다는 이점도 있다. 따라서 중앙정부의 상징체계는 통일성과 일관성이 있어야 하며 지방 정부의 상징체계와도 조화를 이루는 편이 좋다.

그러나 우리나라 정부부처에는 통일된 개념이나 정체성에 대한 가치 설정이 제대로 되어 있지 않다는 지적이 계속 제기되어 왔다. 미국이나 독일, 프랑스 등 선진국에서는 정부의 상징체계들이 통일성과 명확한 정체성을 갖고 있어서, 누구든 정부기관을 쉽게 인식할 수 있다.

국가평판을 높이기 위해서는 대한민국의 정체성이 제대로 반영되고, 우리 국민들과 외국인 관광객들에게 호평받는 대한민국의 브랜드슬로건이 반드시 필요하다. 이렇게 많은 국민들의 의견을 수렴해 국가브랜드가 만들어졌다면, 정부가 바뀌어도 계속해서 사용되어야 한다. 슬로건을 전 세계에 알리고, 외국인들에게 이해시켜 국가의 이미지가 형성되기까지는 시간과 많은 노력이 필요하기 때문이다.

이처럼 국가의 이미지를 높이고 이를 제도적으로 뒷받침하기 위해서는 범국가 차원의 컨트롤타워가 꼭 필요하다. 대한민국의 국가이미지를 지속적이고 효율적으로 관리해나가기 위해서다. 국민, 정부, 전문가가 효율적으로 함께하는 방안도 구상해야 한다. 마지막으로 국가브랜드와 지방자치단체의 도시브랜드를 연계하고 일관성과 통일성을 만드는 방안도 마련되어야 한다.

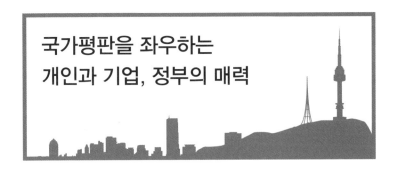

국가평판을 좌우하는
개인과 기업, 정부의 매력

국가평판이 형성되는 통로는 크게 3가지다.

첫째, 국가평판은 TV나 책, 신문 등 전통 미디어와 유튜브, TED 강연, SNS 등 새로운 디지털미디어를 통해서 형성된다. 미디어를 통해 전달되는 말이나 글은 이미지 형성에 영향을 크게 미친다. 조직적이고 사회적인 관계를 통해서 말로 전해지거나 오피니언리더 등과의 소통을 통해 이뤄지기도 한다. 예를 들어 어떤 작가나 배우를 좋아하게 됐을 경우, 그가 사는 나라에 대한 관심도 높아지는 경우가 많다. 또한 특정 나라에 대한 좋은 기사를 접했을 경우에도 호감도가 올라간다.

둘째, 국가평판은 해외여행이나 출장, 국제적인 이벤트 참가, 외국 체류 등을 통해서 형성된다. 외국에 나갔을 때 만난 현지인이나 교포 등으로 인해 기존의 평판이나 고정관념이 바뀌기도 한다. 예를 들어 독일에 대해 '불친절하다'는 고정관념을 가진 사람이 있다고 하자. 그가 해외 출장에서 만난 독일인들에게 많은 도움을 받는다면 독일에 대한 평판은 '무뚝뚝하다'에서 '친절하다'로 바뀔 확률이 높다.

셋째, 국가평판은 국내에서 체류 중인 외국인과의 교류나 접촉을 통해서 만들어지거나 바뀐다. 비즈니스 관계를 맺고 있는 사업 파트너나 외국인 관광객, 유학생 등 국내에서도 외국인과 접촉하게 되는 경우가 많다. 이때도 역시 개인 간 교류로 국가평판이 형성되거나 변한다. 예를 들어 대한민국으로 유학 온 중국인 학생이 예의를 지키지 않았다고 하자. 분명 그가 중국인을 대표하는 것은 아니지만, 그의 무례한 행동으로 인해 중국 전체에 대한 인상이 나빠질 수도 있다.

결국 사람이나 국가에 호감 또는 매력을 느낄 때 국가평판이 올라간다는 사실을 알 수 있다. 그렇다면 국가의 매력도를 끌어올릴 수 있는 방법은 무엇일까? 국가의 매력은 국가를 구성하는 주체들이 각자의 영역에서 올바른 역할을 할 때 높아진다. 공공영역인 중앙정부와 지방정부, 입법부, 사법부는 투명하고 공정한 활동을 통해 국가의 품격을 높일 수 있다. 따라서 기업과 국민은 각자의 자리에서 정직하고 친절한 태도로 우호

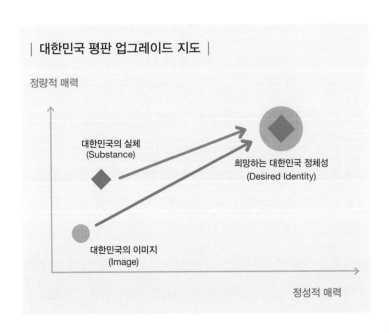

| 대한민국 평판 업그레이드 지도 |

정량적 매력

대한민국의 실체
(Substance)

희망하는 대한민국 정체성
(Desired Identity)

대한민국의 이미지
(Image)

정성적 매력

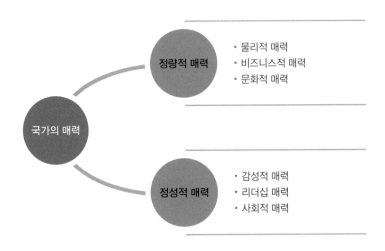

| 국가의 6가지 매력 요소 |

국가의 매력

정량적 매력
- 물리적 매력
- 비즈니스적 매력
- 문화적 매력

정성적 매력
- 감성적 매력
- 리더십 매력
- 사회적 매력

적인 국가평판이 형성되도록 주의를 기울일 필요가 있다.

그렇다면 그 국가가 매력적인지 아닌지는 어떻게 알 수 있을까? 국가의 매력을 판단하는 요소는 크게 2가지로 나눌 수 있다.* 수량이나 수치로 표현할 수 있는 '정량적 매력'과 수치화할 수는 없지만 중요한 '정성적 매력'이다. 정량적 매력과 정성적 매력은 다시 각각 3개의 세부 항목으로 나뉜다.

세부 항목을 살펴보면, 국가 매력도를 끌어올리기 위한 구체적인 방법을 찾아낼 수 있다. 정량적 요소와 정성적 요소를 모두 조화롭게 발전시켜야만 외부에서 보는 대한민국의 이미지와 실체 모두를 끌어올리면서, 진정으로 이상적인 대한민국을 만들 수 있다.

---

* 파소, "Country Reputation From Measurement to Management", 〈CRR〉, 2005.

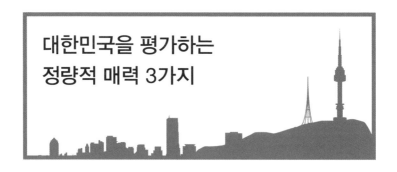

대한민국을 평가하는 정량적 매력 3가지

국가의 정량적 매력을 구성하는 요소에 대해 알아보자. 정량적 매력은 숫자나 수치로 표현할 수 있는 매력이다. 따라서 '좋다' 혹은 '나쁘다'로 평가를 할 수도 있고, 다른 나라와 비교도 가능하다.

1. 물리적 매력Physical Appeal

한 나라의 물리적 매력은 도로나 공항, 주택, 통신, 전기 등 사회간접자본과 건강보험 등의 각종 사회보장제도, 대학 졸업생 수나 비율로 알 수 있는 우수한 인적자원, 부존자원(천연자원), 아름다운 자연환경 등을 기준으로 평가할 수 있다. 이처럼 국가발전의 근간을 이루는 사회기반을 새로 마련하고 개선하는 작업은 정부와 민간이 힘을 합쳐서 이뤄내야 한다.

　미국 뉴욕의 변신 사례는 도시 재개발 사업을 추진할 때 참고가 된다. 뉴욕의 타임스퀘어 재개발 사업은 1980년 후반 4개의 초고층 건물 건축으로 시작해 2000년 후반에야 완성됐다. 무려 20년 이상 걸린 장기 프로젝트였다. 그 결과 환락의 중심지였던 타임스퀘어 광장에는 다양한 복합 쇼핑몰과 공연장, 호텔 등이 들어섰고, 관광객이 늘면서 뉴욕의 가장 큰 단점으로 지적됐던 범죄율이 눈에 띄게 줄어들었다. 안전 문제도 상당히 해결되었다. 장기간에 걸쳐 지속적으로 이뤄진 노력 덕분에 거주민은 물론 외국인 방문객들도 뉴욕을 '아름답고 화려한 관광 명소'로 떠올리게 되었다.

　아름답고 조화로운 도시 설계나 자연환경을 가꾸는 데는 프랑스 사례가 도움이 된다. 1982년, 프랑스 정부는 인구가 2,000명 미만인 작은 마을인지, 역사적으로 중요한 건축물이나 멋진 경치로 인정받은 장소가 2곳 이상 있는지, 마을 건축물의 지붕이나 창의 형태 등 외관이 도시와 조화를 이루었는지 등을 기준으로 '프랑스에서 가장 아름다운 도시'를 뽑았다. 이 기준을 통과한 140여 곳이 '아름다운 마을'로 지정되었다. 프랑스는 지금도 이 마을들을 꾸준히 관리하며 적극적으로 알리는 홍보활동을 하고 있다.

　눈을 우리나라로 돌려보자. 한강은 강폭이 최대 1,200m나되는 거대한 하천으로 매우 빼어난 풍광을 자랑한다. 프랑스 파리에 있는 센 강에 비해 결코 뒤지지 않는 자연환경이다. 그러나 한강변에는 아파트 숲이 병풍처럼 길게 늘어서 있다. 전체적인 디자인이나 스카이라인과 조화를 이루지 못하고 중구난방이다. 이는 서울만이 가진 도시의 특색을 살리지 못하고 있다. 미래 지향적인 방향성이나 개발 철학 없이 그때그때 땜질하듯 인허가를 내주고 일관성 없는 개발을 해왔기 때문이다. 품격 있는 나라가 되기 위해서는 도시나 마을이 각각 독특한 색깔과 향기를 풍길 수 있도록 개발되어야 한다. 비록 시간이 조금 더 걸리더라도 전체적인 조화가 이루어지고 아름다움이 드러날 수 있도록 충분히 고민하고 계획을 세워서 일관성 있게 도시를 가꿀 필요가 있다.

우수한 인적자원을 얼마나 보유하고 있는지도 국가의 물리적 매력을 따질 때 매우 중요하다. 고도 경제성장기에 중요한 인적자원은 '일정 수준 이상의 우수한 인재'였다. 국가경쟁력 향상을 위해 비슷한 교육을 받은 인재를 대량으로 배출하는 학교와 이들이 근무하며 일정한 수익을 내는 기업들이 꼭 필요했다. 따라서 주어진 일을 정확하고 효율적으로 해내는 사람이나 사회 각 분야에 인맥이 많은 명문대 출신들이 가장 인정받고, 회사의 가장 중요한 자리에 임명됐다. 그러나 경제구조가 복잡하고 다양해지고 대량생산과 대량소비의 시대가 끝나자 모

(위) '프랑스에서 가장 아름다운 도시'로 지정된 오트손 주의 페스므Pesmes 마을
(아래) 특색없이 즐비하게 아파트가 늘어선 서울 한강변

든 상황이 급격히 변하기 시작했다. 조직에 꼭 필요한 인재상도 명문대를 나온 '모범생' 혹은 '공부 잘하는 인재' 대신 학교 성적은 낮더라도 차별화된 발상을 하거나 특별한 재능이 있는 '천재형 인재'로 바뀌었다. 그런 점에서 비슷비슷한 인재를 길러내는 것이 가장 큰 목표인 대한민국의 교육은 문제가 있다. 우리나라의 대학 진학률은 세계적으로 매우 높은 수준이다. 그러나 다양성과 창의성은 고려하지 않고, 성적이라는 획일적 기준으로만 평가하기 때문에 학생 각자가 갖고 있던 무한한 가능성을 말살한다. 입시 위주의 교육을 받고 자란 학생들은 사회에 나와서도 1등 기업을 따라가기에 급급할 수밖에 없다. 독창적인 연구나 창의적인 제품 개발은 그만큼 힘들어진다.

단순 암기를 잘하는 사람에게 유리한 평가체계도 문제다. 심지어 전 과목에서 최고점을 받은 서울대학교 학생들에게 그 비결을 물었더니, 많은 이들이 '수업 중 교수님이 한 농담까지 받아 적어 외운' 것을 비결로 꼽았다는 신문 기사도 나온 적이 있다. 성실성을 강조하기 위한 대답이었지만, 동시에 최고학부의 부끄러운 민낯을 보여주는 사례다.

2. 비즈니스적 매력Financial Appeal

특정 국가가 비즈니스를 하는 데 매력적인지 아닌지는 크게 4가지 기준으로 알 수 있다. 우선 기업하기 좋은 환경인지를 묻는다. 다음으로는 산업이 전반적으로 잘 발달되어 있는지, 세금의 수준이나 세율이 낮은지, 투자하기에 안정적인 나라인지를 확인한다. 따라서 경제적인 측면에서 매력적인 국가가 되기 위해서는 이 4가지 측면에서 비교우위를 갖는 것이 중요하다.

그렇다면 대한민국은 기업을 운영하기 좋은 나라일까? 외국인 투자자를 비롯해 나라 안팎 기업인들의 시각으로 보면 대한민국은 '기업하기 쉽지 않은 국가'이다. 이는 스위스 국제경영개발연구원IMD이 기업인들을 대상으로 한 2016년 설문조사 결과에서도 나타났다. 대한민국은 '국가경쟁력 평가'의 기업효율성 부문에서 총 61개국 가운데 48위를 기록했다. 기업 행정의 효율성을 평가하는 세계은행의 '기업환경평가'에서는 높은 순위를 기록했지만, 이 지표는 기업들이 투자를 결정할 때 가장 중요하게 고려하는 노동이나 환경 분야를 반영하지 못한다는 맹점을 안고 있기 때문에 논의에서 제외했다.

특히 노동계와 정치권, 산업계를 중심으로 형성된 거대한 담합구조가 문제로 지적된다. 효율적인 자원배분을 가로막고 구조개혁을 어렵게 만들기 때문이다. 예를 들어 대기업 근로자들은 산별노조 등의 담합 체제를 유지하면서 노동개혁에 거세게 반발한다. 비정규직이나 중소기업 근로자 입장에서 보면 대기업 정규직 위주의 노조원들은 자신들의 부가가치에 비해 과도한 보상을 받는 기득권 세력이다. 단적인 예가 바로 자동차 업계의 연봉이다. 현대자동차는 회사의 매출이나 수익성을 따졌을 때 도요타자동차보다 규모가 작지만 직원들은 더 많은 연봉을 받는다. 노동조합의 정치적 힘이 워낙 커서 최고경영자나 정치인도 노동조합에 손을 대거나 개혁하자고 말할 수 없는 분위기다. 결국 대기업 생산직의 높은 임금 수준을 유지하느라 납품업체 생산직은 박봉에 시달린다. 이는 국가 전체적으로 임금소득격차와 소득양극화의 중요한 원인이 되었다.

이와 같은 '경제 문제의 정치화'는 대한민국 경제의 가장 큰 문제점이다. 경제는 수요와 공급 등 시장논리에 의해 움직이는 게 정상인데, 대한민국에서는 권력자나 정부, 정치권이 개입하면서 부작용이 생겨났다. 정치권과 기득권을 가진 이익집단은 그럴듯한 명분을 내세워 경제를 정치적으로 이용한다. 심지어 대기업과 중소기업 간 납품관계에도 정치권이 연관되어 있어서, 구조적 개선이 제대로 이뤄지기 어렵다. 물론 대기업의 과도한 골목상권 침해와 지나친 '납품단가 후려치기'도 큰 문제이다. 그러나 중소·중견기업 중 일부는 중소기업의 사업 영역을 보호하려는 목적으로 지정하는 '중소기업 적합업종'에 과도하게 의존해 정치적 권력을 휘두르기도 한다. 중소기업 적합업종으로 선정되면 대기업과 경쟁하지 않아도 되므로 중소기업의 이익은 보호받지만 가장 중요한 소비자의 선택권과 편익은 후퇴할 수밖에 없다. 경제와 관련된 사안은 정치와 분리해서,

경제 논리에 따라 처리해야만 대한민국 경제의 지속성이나 일관성을 높일 수 있다.

3. 문화적 매력Cultural Appeal

문화적 매력은 크게 3가지 요소로 측정할 수 있다. 한 나라가 사회적·문화적 다양성을 가졌는지, 역사와 전통의 깊이와 넓이는 어느 정도인지, 즐길 만한 엔터테인먼트 활동은 얼마나 많은지를 따진다.

〈연합뉴스〉 보도에 따르면 영국 시장조사업체인 유로모니터Euromonitor가 2016년 발표한 '100대 세계 최고 관광도시'에 서울시와 제주특별자치도가 이름을 올렸다. 전 세계 주요 57개국과 93개 잠재적 경제 성장국 중 관광 부서의 통계, 공항 출입국 출처, 호텔 숙박 출처 등을 활용해 순위를 매긴 결과다. 2014년, 서울은 939만 명의 외국인 관광객이 찾은 국가로 전체 조사국가 중 13위에 자리했다. 전년도의 826만 명보다 8.9% 증가한 수치다. CNN은 세계적인 팝스타로 유명세를 탄 가수 싸이의 〈강남스타일〉 등의 영향으로 관광객이 증가했다고 분석했다.

이 조사에서는 2,770만 명이 방문한 홍콩이 전체 1위를 차지했다. 영국 런던(2위, 1,738만 명), 싱가포르(3위, 1,708만 명), 태국 방콕(4위, 1,624만 명), 마카오(6위, 1,496만 명), 중국 선전(7위, 1,312

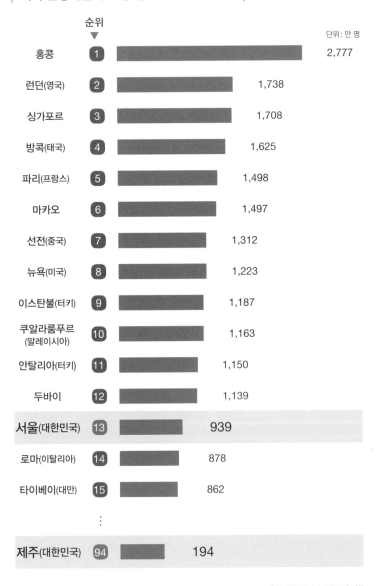

| 외국 관광객들이 가장 많이 찾은 도시(나라) |

순위 ▼

단위: 만 명

홍콩	1	2,777
런던(영국)	2	1,738
싱가포르	3	1,708
방콕(태국)	4	1,625
파리(프랑스)	5	1,498
마카오	6	1,497
선전(중국)	7	1,312
뉴욕(미국)	8	1,223
이스탄불(터키)	9	1,187
쿠알라룸푸르(말레이시아)	10	1,163
안탈리아(터키)	11	1,150
두바이	12	1,139
서울(대한민국)	13	939
로마(이탈리아)	14	878
타이베이(대만)	15	862
제주(대한민국)	94	194

출처: 유로모니터, 2014년 기준

만 명), 말레이시아 쿠알라룸푸르(10위·1,163만 명) 등이 뒤를 이었다. 제주를 찾은 외국인 관광객 수는 전년보다 9.1% 늘어난 194만 명(94위)에 달했다.

어떻게 하면 외국인 관광객들에게 대한민국이 더 사랑받을 수 있을까? K팝의 인기 등에 힘입어 대한민국 문화나 전통에 대한 관심이 점점 높아지고 있다. 대한민국을 찾는 외국인들 사이에서 특히 인기를 끌고 있는 주제는 '체험'이다. 사찰을 중심으로 이뤄지는 템플스테이가 인기를 모으고 있으며 강원도 화천군의 산천어축제나 충청남도 보령시의 머드축제 등도 주목을 받고 있다. 이를 농어촌생태관광이나 농어촌스테이 등으로 꾸준히 발전시켜야 한다. 자연경관이 아름답고, 우리나라 특유의 전통문화가 살아 있는 지역을 우선적으로 개발할 필요가 있다.

문화재나 문화적 시설을 제대로 설명하고 알리는 노력도 중요하다. 대한민국의 문화 유적지를 둘러보면 외국어로 번역된 설명문이 적고, 그나마 있는 출처도 매우 부실하다는 사실을 발견하게 된다. 조금만 주의를 기울여 찾아보면 관광객의 흥미를 끌 만한 전통문화나 문화유적지가 많은데도 이를 제대로 발굴하고 알리려는 시도가 부족하다. 외국인 관광객들이 많이 쓰는 언어로 문화재 정보를 번역하고, 팸플릿으로 비치하는 작업부터 벌여야 한다. 우리나라의 역사와 강점을 세계에 널리 알리는 방법이자 내부의 국제화를 위한 첫걸음이기도 하다. 또한 교통편, 호텔의 점진적 보완, 외국인들이 많이 쓰는 구글맵의 상세화나 우버 서비스의 도입 등도 필요하다.

다른 나라와 차별화된 역사와 문화를 활용해 국가브랜드를 구축한 나라로는 인도가 있다. 인도는 도로, 전기, 수도 등의 사회기반시설은 낙후되어 있지만 다른 나라에서는 경험할 수 없는 철학, 문화, 역사, 환경 등을 적극적으로 마케팅하고 있다. 문화적 유산은 인도 국민들에게 자부심이라는 심리적 자산이 됐다. 그 결과, 인도는 많은 외국인들에게 꼭 한 번 가보고 싶은 '영적인 나라'이자 매력적인 관광지로 자리매김했다.

한식의 국제화를 통해 대한민국 음식문화의 매력도 높여야 한다. 우선 한식의 식단과 차림표, 음식이 나오는 순서나 종류 등 음식과 관련된 정보들을 표준화해야 한다. 아울러 음식문화를 대한민국의 다른 전통문화와 연계할 필요도 있다. 예를 들어 전통 그릇에 관심을 갖는 외국인들이 많다. 그들을 위해 한식 메뉴에 어울리는 전통 그릇을 개발하고, 한정식 집에서 활용될 수 있도록 하는 게 좋은 예이다. 음식을 대접하며 그릇에 대한 정보를 알려주거나 이 내용을 담은 책자를 비치하는 것도 하나의 방법이 될 수 있다.

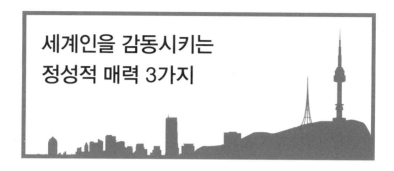

세계인을 감동시키는
정성적 매력 3가지

1. 감성적 매력Emotional Appeal

대한민국의 감성적 매력이 높다는 것은 곧 이렇게 말하는 외국인이 많다는 뜻이다.

"나는 대한민국을 좋아한다."

"한국인을 믿는다."

"대한민국이란 나라와 한국인을 존경한다."

제품에 표기되는 원산지는 구매에 큰 영향력을 미치기 때문에, 감성적 매력은 매우 중요하다. 예를 들어 많은 사람들이 스위스나 독일에서 만든 제품에는 일단 믿음을 가진다. 과거 미국의 일부 지역에서는 중국산 제품에 대한 신뢰도가 전혀 없어서 '중국산 제품이 없는 가게China Free Shop'라는 간판을 내걸기도 했다. 중국 제품은 아예 취급하지 않는다는 표현이었다. 또 개발도상국에서 만든 제품은 왠지 믿음이 가지 않는다는 사람들이 있다. 그 나라에 대한 감성적 매력도가 낮기 때문이다.

해당 국가와 국민들에 대해 호감을 갖고 신뢰하게 만드는 감성적 매력은 수출뿐 아니라 관광 분야에서도 중요하다. 태국 여행을 다녀온 사람들은 대부분 태국이 비록 선진국은 아니었지만, 사람들이 친절하고 여행객에게 비교적 '바가지'를 씌우지 않아서 좋았다고 말한다. 여행에서 좋은 인상을 받으면, 자연스럽게 다시 그 나라를 찾게 되고 주위에 입소문을 내게 된다. 이처럼 신뢰는 제3의 자본이라고 불릴 만큼 국가평판의 중요한 자산이다.

따라서 우리 스스로 한국인에 대한 신뢰를 높이고 잘 알리려는 노력이 필요하다. 대한민국에는 좋은 교육을 받았으며 교양 있는, 즉 매력적인 사람들이 많이 살고 있다는 인상을 세계인들에게 심어주어야 한다.

국가 내부평판을 올리는 것도 매우 중요하다. 내부평판이란 국민들이 자신의 나라에 대한 생각과 평가이다. 대다수 한국인들은 우리나라에 대한 평가가 인색하며 국가에 대한 자긍심도 높지 않은 편이다. 자기비하나 자기부정으로 연결되어 대한민국을 떠나고 싶다는 뜻의 신조어까지 생겨났다. 진보나 보수 등 이념과 색깔 논쟁에서 벗어나서 이제는 국가에 대한 자긍심을 높이는 방안을 강구해야 할 때다. 정치권, 정부, 언론, 시민단체 등이 모두 참여해서 아이디어를 내고, 결정한 사항을 적극적으로 실천할 필요가 있다. 널리 알려지지 않은 문화유산, 역사, 자연환경에 대해 대외적인 홍보나 마케팅을 강화하면 한국인 스스로의 자긍심을 고취하는 데 도움이 된다.

한국인의 감성적 매력을 해외에 알리는 방법 중 하나는 대한민국에 거주하는 외국인 유학생을 홍보 채널로 활용하는 것이다. 유학생들에게 자신들이 사용하는 SNS에서 대한민국을 알릴 수 있도록 홍보대사 역할을 맡겨보자. 대학교 등과 연계하면, 유학생들을 국가 홍보에 더욱 효과적으로 참여시킬 수 있을 것이다.

2. 리더십 매력Leadership Appeal

리더십 매력은 크게 4가지 요소로 측정 가능하다. 카리스마를 가진 지도자가 얼마나 있는지, 그 지도자들이 국가의 비전을 얼마나 잘 공유하고 전파하는지, 국가를 얼마나 잘 관리하고 운영하는지, 국제법과 국제 규칙, 국가 간 합의를 얼마나 잘 이행하는지를 따지는 것이다.

우선 정치적 지도자들이 제대로 된 리더십을 발휘하고 있는지를 묻는다. 국가의 품격과 평판을 끌어올리려면 가장 먼저 정치인들의 품격을 높여야 한다. 본인의 말 한마디와 행동 하나가 대한민국의 품격을 대변한다는 사실을 늘 인식해야 한다. 또 정당의 이익을 위해 논쟁할 때나 개인적으로 기분 나쁜 상황이 발생하더라도 최소한 국가의 품격을 깎아내리는 행동은 하지 않겠다는 자세와 각오가 필요하다. 국가브랜드를 높이는 데 가장 큰 영향력을 발휘하는 사람은 역시 대통령이나 총리 등 정치지도자이기 때문이다. 정치지도자의 생각이나 작은 행동 하나하나가 모두 그 나라의 국가브랜드에 엄청난 영향을 미친다.

미국의 사례를 보면 금방 알 수 있다. 임기가 끝날 때까지 품위를 지키려고 노력했던 버락 오바마Barack Obama 전 대통령과 국익을 앞세운다는 명분 아래 세계적으로 많은 논란을 일으키고 있는 도널드 트럼프 대통령을 비교해보자. 정치지도자가 지녀야 할 태도에 대해 쉽게 알 수 있다.

결국 정치지도자의 품위나 품격은 곧 그 나라의 품격에 직접적인 영향을 미친다. 국가지도자들이 자신의 매력을 높이기 위해 부단히 노력해야 하는 이유이다. 정치인들이 비전을 제시하고 제대로 된 리더십을 발휘하면 자연스럽게 국가평판도 올라간다. 아울러 정치지도자가 국가평판과 국가브랜드에 관심을 갖고, 매력을 향상시키기 위해 국민들의 참여를 이끌어낸다면 금상첨화이다.

그런 점에서 베트남 정치지도자들의 리더십은 우리에게 시사하는 바가 크다. 대한민국은 미국의 요청으로 베트남전쟁에 참전해 결과적으로 베트남 민간인들에게 상당한 피해를 입혔다. 그러나 베트남 유력 정치인들은 자국의 현재와 미래 이익을 중심으로 외교를 펼친다. 대한민국과 한국인을 대하는 태도를 살펴보면 베트남 지도자들이 과거에 얽매이지 않고 미래를 향해 열려 있음을 확인할 수 있다. 후손들이 살아가야 할 미래를 위해 국가 간 관계도 미래지향적으로 맺고 있는 것이다.

베트남의 정치지도자들은 대한민국으로부터 단기간에 압축적인 경제성장을 이룬 비결을 배우려고 노력한다. 베트남에서 공산당 서기장, 국가주석에 이어 권력 서열 3위인 응웬 쑤언 푹Nguyen Xuan Phuc 총리의 행보가 대표적이다. 푹 총리는 지난 2007년 서울에서 열린 대한민국-베트남 장관급 회담에서 윤대희 전 국무조정실장과 만남을 가진 후 그와 계속 친분을 이어오고 있다. 베트남은 윤대희 전 장관이 초창기부터 적극적으로 참여 중인 'KSP프로젝트'의 주요 대상국 중 하나이다. 이 프로젝트는 대한민국 정부가 개발도상국을 대상으로 대한민국의 경제개발 노하우를 전해주는 사업이다. 푹은 그와의 친분을 적극적으로 활용해 2011년 베트남이 경제개발 10개년 계획을 만들 때 대한민국으로부터 경제 제도와 개발 계획에 대해 많은 자문을 얻어갔다. 베트남의 사례는 정치지도자가 국익을 위해 어떤 태도를 가져야 하는지, 또 국민들의 시선을 어느 쪽으로 유도해야 하는지를 잘 보여준다.

대한민국 정치 리더십의 가장 큰 문제점은 공동체의식의 결핍이다. 보수와 진보, 가진 자와 못 가진 자로 나뉘어져 서로 헐뜯고 싸운다. 이념갈등이나 대립, 지역갈등, 세대갈등 등이 복합적으로 겹쳐서 공동체의식이 거의 상실된 상태이다.

정치지도자들을 비롯해 사회적으로 영향력이 큰 집단은 절제가 필수적이다. 그런데 막강한 권력을 보유한 검찰과 정치인, 언론 자신들이 종종 무절제한 언사와 행동을 하며 대한민국 공동체의 안정성을 해치고 있다는 사실을 깨닫지 못하거나 인정하지 않으려고 한다. 당연히 많은 국민이 '검찰이나 정치인, 언론인은 무례하고 오만하다'는 평가를 내리고 있다.

자의적인 법 해석이나 정치논리에 매몰된 의사결정은 국가의 품격을 떨어뜨린다. 절제에는 좋지 않은 생각이나 행동을 삼가는 소극적인 절제가 있고, 주어진 임무를 끝까지 해내고 자신의 정체성을 지켜내는 적극적인 절제가 있다. 정치권과 검찰, 언론은 소극적인 절제를 넘어서 적극적인 절제를 제대로 실천해야 한다. 이는 공동체의 안정과 지속 가능한 발전을 위한 길이다.

또 배타적인 패거리문화를 바로잡아야만 국가의 매력도가 높아진다. 예를 들어 대한민국의 정치, 경제, 사회 전반에 걸쳐 넓게 퍼져 있는 승자독식 문화를 바꿔야 한다. 5년 단임제 대통령 제도가 전형적인 예다. 두 명의 후보가 격돌했을 때 50%에서 단 한 표라도 더 얻을 경우, 더 많은 표를 얻은 후보가 정권을 잡게 된다. 정권을 잡은 후에는 권력을 100% 행사한다. 기득권세력이 되는 것이다. 대통령에게 투표하지 않았던 절반 가까운 국민들은 박탈감이나 무력함을 느낀다. 이런 상황에서는 절대로 국가를 전진시키거나 미래 지향적으로 이끌 수가 없다.

3. 사회적 매력Social Appeal

사회적 매력은 국제사회의 일원으로서 한 국가가 얼마나 인정받고 있는지, 환경보호에 어느 정도 적극적인지, 언론의 자유가 얼마나 보장되는지 등을 따진다.

사회적 매력을 높이기 위해서는 우선 대한민국 사회 내부의 국제화를 통해 자체적인 세계화를 이뤄야 한다. 외국인의 시각과 관점에서 객관적으로 대한민국을 평가해 평판과 품격을 높이려는 노력이 필요하다. 예를 들어 공동체에 도움을 주고, 국민 개개인의 품격을 높이기 위해서는 국제적인 에티켓을 어릴 때부터 교육해 자연스럽게 몸에 배도록 해야 한다. 따라서 공공예절과 사회생활을 할 때의 기본적인 예의를 더 많이, 더 자주 가르치고 권면해야 한다.

다문화 가족이나 외국인 거주 노동자를 대하는 태도나 처우는 한국인이 친절하고 괜찮은 국민인지, 아니면 '어글리 코리안'인지를 결정짓는 가장 중요한 요인 중 하나다.

2016년 중반부터 국내에 체류하는 외국인이 200만 명을 넘어섰다. 대한민국에 체류하는 외국인들이 늘어나면서 문화적 다양성에 대한 이해와 외국인에 대한 배려가 더욱 필요해졌다. 저출산 고령화 사회가 진전되면 될수록 외국에서 유입되는 노동력에 대한 수요는 더욱 늘어날 것이다. 따라서 국가에서의 체계적인 관리와 민간 부문과의 협력이 필수적이다.

대한민국에 사는 외국인 학생 혹은 근로자와 긴밀한 유대관계를 맺는 노력도 필요하다. 기념일 등을 활용해 각 국가의 날을 정하고, 매년 행사하는 것도 하나의 방법이다. 예를 들어 미국의 독립기념일인 7월 4일을 대한민국에서의 '미국의 날'로 정하고 미국에서 온 근로자들을 위한 이벤트를 여는 것이다. 물론 외국인 노동자를 핍박하는 사업주를 법과 원칙에 따라 강력하게 처벌하거나, 부당 대우를 받는 외국인 근로자들이 도움을 받을 수 있는 제도를 마련하는 등 사회 시스템을 우선적으로 강화할 필요도 있다.

대한민국은 이미 다문화 사회로 진입했고, 수많은 도전에 직면한 있는 상태다. 그런 만큼 오랜 기간 개방정책을 유지해온 네덜란드 사례는 우리에게 참고가 된다. 네덜란드는 종교적 관용과 문화적 다양성, 넓은 포용력을 지닌 나라다. 17세기 유럽 각국이 종교에 따라 나뉘기 시작하면서, 다른 종교에 대한 제

| 늘어나는 국내 외국인 수와 외국인 비중 |

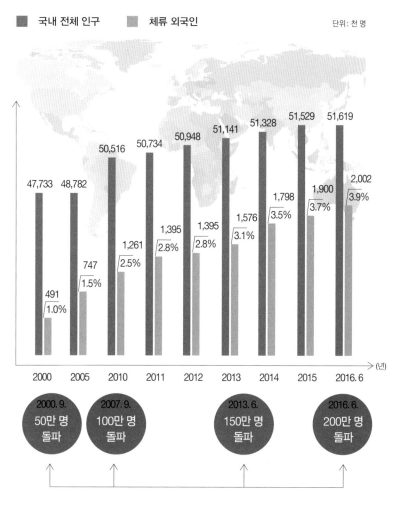

■ 국내 전체 인구   ■ 체류 외국인   단위: 천 명

국내 체류 외국인 수

한이나 억압이 이뤄졌다. 영국은 영국성공회를, 프랑스는 전통 가톨릭을, 스웨덴은 루터교를 각각 국교로 선포했다. 그러나 네덜란드는 칼뱅교의 교리를 받아들이면서도 이를 국교로 정하지 않고 다른 종교의 활동도 인정해줬다. 그러자 유럽 각국에서 많은 사람들이 종교의 자유를 찾아 네덜란드로 몰려들었다. 이렇게 이주해온 사람들 중에는 고급 기술을 보유한 엔지니어와 저명한 학자들도 포함되어 있었다. 일부 유대인들은 축적해둔 자본을 가지고 네덜란드로 이주했다. 이들은 서로 다른 지식과 문화를 혼합하고 융합하면서 네덜란드 국가 전체를 거대한 용광로Melting pot로 만들었다. 당시 네덜란드 수도인 암스테르담에는 예술가와 사상가, 기술자들이 넘쳐날 정도였다. 대형 제재소는 풍부한 물과 풍차를 활용해 각종 상선과 군함을 만들었고, 이는 네덜란드를 해양 강국으로 부상시켰다. 유연한 개방정책으로 고급 인재들이 모여들자 네덜란드의 국력도 자연스럽게 커졌다. 네덜란드의 황금기는 이렇게 시작됐다.

국내 체류 외국인이 200만 명을 넘어선 만큼 대한민국 사회는 외국인 근로자를 포함한 이주민들을 어떻게 포용할 것인가에 대해 일관된 정책을 세워야 한다. 외국인 거주자와 다문화 가정에 대한민국의 역사와 문화를 알릴 교육 콘텐츠를 개발하고, 확산시키는 것도 중요하다.

단순노동 등 3D 업종 일자리를 찾아 대한민국에 온 외국인도 많지만 4차 산업혁명 시대를 맞아 신산업 분야에서 창업이나 취직을 하기 위해 찾아온 외국인도 많다. IT 분야를 비롯한 대한민국의 다양한 기반을 활용해 사업하고자 인도나 중국, 파키스탄, 베트남 등에서 찾아온 사람들도 상당수에 달한다. 이들이 대한민국에 거주하면서 비지니스를 통해 성장할 수 있도록 신산업 분야의 규제를 해제하거나 대폭 완화하는 노력도 필요하다.

국제사회에 더욱 적극적인 도움의 손길도 내밀어야 한다. 국제사회에서 해외 원조 참여는 곧 그 나라의 국격으로 통한다. 2017년 2월 대한민국을 방문한 국제적십자위원회ICRC의 사무차장 도미닉 스틸하트Dominik Stillhart는 "국제 원조 사업 참여율은 한 나라의 국격을 가늠케 해주는 척도이다. 국제 원조 사업에 적극적인 동참 의지를 보이는 대한민국은 다른 개발도상국의 본보기가 될 수 있다"고 강조했다. 그는 "역경을 극복하고 재건에 성공한 대한민국에서 배울 게 많다"며 "단순한 재정 지원에 그치지 않고 IT 강국인 만큼 기술적·경험적 지원을 해주는 것도 인도주의 구호 활동에 큰 도움이 될 것"이라고 말했다.

마지막으로 언론의 자유는 자유민주주의 국가의 근간을 이루는 가치다. 국제사회의 일원으로 국제사회에서 인정받으려면 언론의 자유를 폭넓게 보장하고 사상과 출판의 다양성을 더욱 존중하는 노력이 필요하다.

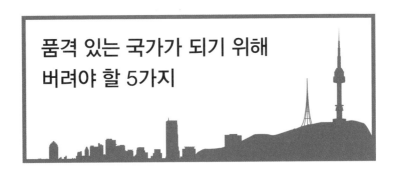

품격 있는 국가가 되기 위해 버려야 할 5가지

"능력 없으면 너네 부모를 원망해, 돈도 실력이야."

2014년 12월 3일, 승마 체육특기자로 이화여자대학교에 합격한 정유라 씨가 페이스북에 남긴 글의 일부다. 그녀는 대통령 비선실세로 국정농단 파문을 일으킨 최순실(최서원) 씨의 외동딸로 밝혀지면서 많은 국민들의 분노를 자아냈다. 최 씨 모녀의 이화여자대학교 부정 입학과 그 이후 밝혀진 오만한 행동은 해외 토픽으로 소개되면서 대한민국은 국제적 망신을 샀다. 이는 개인의 일탈과 잘못된 행동이 국가의 품격까지 끌어내린다는 사실을 극명하게 보여줬다. 일부 몰지각한 정권 비선실세가 가진 천민자본주의와 졸부의식이 국가이미지에도 피해를 입힌 것이다.

국내외 언론에 보도된 기사를 분석하고 대한민국에 오랜 기간 거주하고 있는 외국인들의 평가를 종합해보면 대한민국의 품격을 해치는 주범은 크게 5가지로 요약된다. 첫째는 대한민국 사회 곳곳에 스며 있는 갑甲질 문화다. 일부 재벌총수 자녀들의 무례한 행동과 노블레스 오블리주를 망각한 사회지도층의 행태가 품격을 갉아먹는 것으로 나타났다. 둘째는 기초질서를 지키지 않는 행태다. 교통질서를 지키지 않고 안전규정이나 각종 절차를 무시하는 분위기가 우리사회의 고질적인 문제점으로 지적되었다. 셋째는 공공장소 예절을 지키지 않는다는 점이다. 타인에 대한 배려가 없고 공중도덕을 지키지 않는 모습이 대한민국의 품격을 끌어내리고 있다. 넷째는 일을 처리할 때 그때그때 상황에 맞춰서 임시방편으로 처리하는 행태다. 과정을 무시하고 단기 성과나 결과에만 집착하다 보니 임기응변으로 대충대충 일을 처리하는 모습이 우리 사회의 문제점으로 지적되었다. 다섯째는 정치나 정부, 기업 조직에서 나타나는 편 가르기와 인터넷 악플을 비롯한 근거 없는 중상모략이다. 이러한 5가지가 대한민국의 품격을 저해하는 요소라고 지적되고 있다.

1. 대한민국 사회 곳곳에 스며 있는 갑질 문화

　우리 사회에는 사회적 지위가 낮은 대상에게 고압적인 태도로 행동하는 갑질이 직업이나 연령, 상황에 상관없이 발생하고 있다. 특히 돈과 권력을 가진 사람들의 갑질 논란은 끊이지 않고 있다. 2014년 12월 대한항공 오너3세인 조현아 부사장의 '땅콩 회항' 지시와 재벌 오너 2세·3세들의 운전기사 폭행과 폭언 등은 언론에 빈번하게 보도되고 있다. 사회적 지위(노블레스)가 있다면 그만큼 의무(오블리주)를 다해야 한다는 뜻의 '노블레스 오블리주'는 실종된 지 오래다.

〈매일경제〉에서 서면과 홈페이지를 통해 1만 4,000명의 독자를 대상으로 한 설문조사에서 응답자의 79.2%가 대한민국 사회에 만연한 갑질 현상이 대한민국의 경쟁력을 갉아먹고 있다고 답변했다.* 대다수 응답자들은 갑이 을에게, 을은 병에게 연쇄적으로 저지르는 갑질 때문에 사회 곳곳에서 갈등이 증폭되고 불필요한 스트레스가 쌓인다고 말했다.

2015년 취업포털 잡코리아가 직장인 604명을 대상으로 설문조사한 결과에서는 갑질 피해에는 민감하고 가해에는 둔감한 이중적인 행태가 드러났다. 이 조사 응답자 88.6%가 직장생활을 하면서 갑질을 당해본 경험이 있다고 답했지만 본인이 갑질을 해봤다는 답변은 33.3%에 불과했다. 본인은 갑질로 피해를 입었지만 스스로는 갑질을 하지 않는다고 생각하는 한국인

---

* 매일경제편집국 특별취재팀, 《매일경제 기자들이 파헤친 한국의 민낯, 우리 마음속 10적》, 매일경제신문사, 2016.

이 많다는 것을 보여준다.

고질적인 갑질 문화는 어디서 유래한 것일까. 필자는 양반과 상민으로 나뉘었던 옛 신분 제도와 사농공상土農工商으로 표현하며 직업의 귀천을 따지는 문화의 잔재라고 생각한다. 책을 읽고 관직에 나가 출세하는 것을 가장 귀하게 여기며 생산 활동이나 유통 사업에 종사해온 농민, 공장工匠, 상인으로 서열을 매기는 신분차별의 잔재가 갑을문화로 이어졌다고 보여진다. 고도의 경제성장 과정에서 갑자기 많은 돈을 벌게 된 졸부들이 '돈이면 다 된다'거나 '공동체는 어떻게 되든 말든, 나만 잘살면 된다'는 천민자본주의 의식도 안하무인의 갑질 문화를 키웠다.

대한민국을 비롯한 동북아 3국 문화 비교에 정통하고, 대표적 '지한파'인 경희대학교 국제대학의 임마누엘 페스트라이쉬 Emanuel Pastreich 교수는 '일본 제국주의 식민지 잔재와 군대 문화'에서 그 뿌리를 찾았다.* 일제가 전략적으로 대한민국 사회에 일부 특권층을 만들고, 이들과 서민들 사이의 소통을 단절시키면서 갑질문화가 생겨났다는 것이다. 아울러 1960년대 이후 고도 경제성장기에 통했던 군대 문화가 기업을 비롯한 대한민국 사회 전반에 걸쳐 스며들었다고 해석했다.

갑질문화의 해결책은 무엇일까. 우선 엄정하고 공정한 법 집

---

* 임마누엘 페스트라이쉬, 《한국인만 모르는 다른 대한민국》, 21세기북스, 2013.

행이다. 돈 있고 권력이 있으면 병역이나 납세 등의 국민의 의무까지 교묘하게 빠져나가고, 법의 허점을 이용해 개인적 이득을 취하는 사례를 적발해 일벌백계해야 한다. 또한 대한민국 사회 각 분야에서 '등가等價 교환의 원칙'을 정립하고 실천할 필요가 있다. 예를 들어 식당을 비롯한 서비스 업종에서는 고객이 제공하는 돈(재화)과 식당에서 제공하는 음식과 서비스가 서로 동등하게 교환된다고 인식하고 행동하는 게 필요하다. 이런 움직임이 사회 전체적으로 확산되면 식당에서는 무례한 손님에게까지 과잉 친절을 베풀지 않게 되고 손님도 함부로 갑질을 하기 어려워질 것이다. 대기업과 납품업체 직원들 사이에서도 이 같은 등가 교환의 원칙을 확실하게 자각하고 행동한다면 고질적인 갑질 행태는 줄어들 것이다.

아울러 공공부문이나 기업체에서는 임직원들이 자사에 대해 평가하는 '내부평판'의 중요성을 인식하고 내부평판을 높이기 위해 적극적으로 나서야 한다. 자신의 회사에 긍정적인 감정을 가진 종업원은 회사에 대한 애정을 갖고 긍정적 감정을 고객에게 전염시킨다. 회사가 직원을 소중하게 여기지 않으면 직원은 거래처나 고객을 소중히 여기지 않는다. 따라서 대한민국의 기업이 직원에게 동기를 부여하는 방식 역시 달라져야 한다. 기업 내부평판에 영향을 미치는 승진 기회, 급여, 복지, 업무와 삶의 균형, 기업문화 등도 재점검해야 한다. 직원들의 사기를 꺾고 근로 의욕을 낮추는 낡은 생각이나 제도를 과감하게 버려야 한다. 지금까지는 소비자나 외부인이 회사를 바라보는 외부평판만이 강조되었다. 그러나 이제는 직원이 자신의 회사에 대해 매기는 내부평판이 더 중요하다는 점을 인식하고 최고경영자부터 내부평판을 끌어올리기 위해 솔선해서 직원에게 다가가고 배려해야 한다. 각 기업에서 시작된 이 같은 변화가 사회 전체적으로 확산될 때 자연스럽게 갑질하는 사람들은 줄어들 것이고 갑질 논란도 사라질 것이다.

2. 기본을 지키지 않는 문화

'원칙을 지키고 기본을 지키면 손해 본다.'

군대 생활이나 사회생활을 하다 보면 종종 듣게 되는 이야기다. 기본을 지키면서 원칙대로 일을 처리하는 사람을 두고 우리 사회는 소위 'FM대로 한다'라고 하거나 '융통성이 없어서 답답하다'라는 평가를 한다. 하지만 학교나 직장에서 기본상식이나 정해진 규칙을 제대로 지키지 않는 것은 대한민국의 품격을 갉아먹는 요인으로 꼽는다. 교통질서를 비롯해 안전규정 등 기초질서를 지키지 않는 것이 대표적이다. 경찰청이 집계한 대한민국의 교통사고 사망자는 2015년 4,621명으로 OECD 회원국 가운데 가장 많다. 주요 원인으로는 교통법규를 제대로 지키지 않은 점이 꼽힌다. 교통사고 사망자 수는 2011년 5,229명에서 4,621명으로 11.6%가 줄었지만 같은 기간 교통사고 발생 건수는 교통신호 위반이나 안전벨트 미착용 등이 많아서 22만 1,711건에서 23만 2,035건으로 오히려 늘었다. 이처럼 교통법규를 지키지 않는 중요한 이유 중 하나로 선진국에 비해 낮은 범칙금이 꼽힌다. 미국, 유럽, 일본 등 주요 OECD 회원국 6개국과 비교한 결과, 대한민국의 교통 범칙금은 다른 나라에 비해 2분의 1이나, 심지어 10분의 1에 불과했다.

안전과 관련한 규정을 지키지 않아 사건, 사고가 끊이질 않고 있다. 2015년 전국에서 발생한 4만 4,432건의 화재 가운데 무려 53%가 부주의 때문에 발생했다. 안전불감증이 불러왔던 참사이다. 상업용이나 업무용 건물 중에는 화재감지기의 잦은 오작동 때문에 아예 화재감지기를 꺼놓고 있다가 화재가 난 건만도 156건(2014년 기준)에 달할 정도다. 걸으면서 스마트폰 화면을 들여다보느라 사고를 당한 사례도 계속 늘어나고 있어서 사회문제가 되고 있다.

교통 분야 전문가들은 우리나라에 자동차 사망사고가 많은 이유 중 하나가 도심의 제한속도가 너무 높아서인 만큼 이 속도를 줄여야 한다고 제안한다. 일각에서는 스웨덴의 '스피드 로또' 제도를 도입하자고 주장한다. 이는 규정 속도를 어긴 운전자들에게 벌금을 걷어서 규정 속도를 지킨 운전자 중 한 사람을 무작위로 선정해 그 벌금액을 몰아주는 제도이다. 2010

년 스웨덴이 이 시스템을 도입 후 스톡홀름의 차량속도가 평균 22% 감소한 것으로 나타났다.

3. 공공장소 예절의 실종

외국에 나가 현지인들이 얼마나 예의를 잘 지키느냐를 보면서 해당 국가에 대한 이미지가 강화되기도 하고 바뀌기도 한다. 공공장소에서 타인을 배려하지 않는 행동이 눈에 보이면 해당 국가에 대한 이미지가 나빠지게 된다. 우리나라에선 버스터미널이나 대형 쇼핑몰 등 많은 사람들이 모이는 장소의 출입구에서 뒷사람을 위해 문을 잡아주는 '도어 에티켓'을 지키는 비율은 어림잡아 15% 안팎에 불과할 정도로 낮다. 또 우리 사회에는 예의를 지키지 않는 사람들을 비난하는 신조어가 계속 생겨날 정도로 공공장소에서 눈살을 찌푸리게 하는 사람들이 많다. 물론 공공장소에서의 부적절한 행태도 문제지만 각종 신조어를 만들어 사람을 구분 짓고 비하하는 것 자체도 대한민국이 배려 없는 사회라는 사실을 단적으로 보여주는 사례이다. 대표적인 신조어는 '틀딱충', '맘충', '개저씨'다. 틀딱충은 노인을 조롱하는 말로 '틀니가 딱딱거린다'를 줄인 뒤 누군가를 비하할 때 쓰는 '벌레 충蟲' 자를 붙인 것이다. 지하철에서 경로석을 양보하라고 호통치고 화내는 어르신을 비하할 때나, 자신의 일도 아닌데 쓸데없이 간섭하면서 훈계하는 노인의 모습을 혐오하면서 부르는 용어다. '개저씨'는 개념 없는 아저씨 혹은 개와 아저씨의 합성어다. 남을 전혀 생각하지 않고 자신의 마음대로 행동하거나 추태를 부리는 중년 남성을 가리키는 속어다. 성희롱 발언을 일삼고 지하철에서는 두 다리를 쩍 벌리고 앉아 옆에 앉은 사람을 불편하게 하거나 자신보다 어린 사람에게 반발하거나 일방적 복종을 강요하는 행태를 보이기도 한다. '맘충'은 엄마를 뜻하는 맘Mom과 벌레를 뜻하는 '충'자를 결합한 신조어다. 공공장소에서 자기 자식만 챙기면서 남에게 피해주는 행동을 일삼는 몰지각한 엄마를 비난하는 말이다. 식당에서 아이들인 시끄럽게 떠들고 놀아도 제지하지 않으며 어디를 가든 자신의 아이들을 앞세워서 특혜를 요구한다. 아이들의 무례함이나 시끄러움 때문에 피해를 입는 남들에 대한 배려는 전혀 없다. 지하철에서 타인의 불편한 시선은 아랑곳하지 않고 큰소리로 장시간 전화 통화를 하는 경우도 있다. 이들은 모두 공공장소에서 에티켓을 지키지 않고 다른 사람에 대한 배려는 전혀 하지 않는 사람들이다.

소득이나 교육수준이 높아지는데도 왜 이렇게 공공장소에서 에티켓을 지키지 않는 사람들이 많을까? 그것은 대한민국 사회는 극심한 경쟁에 내몰리면서 남에 대한 배려가 실종되었기 때문으로 보인다. 한마디로 대한민국이란 공동체는 '만인의 만인에 대한 투쟁'하는 사회라는 인상을 준다. 다른 사람을 협력자로 여기기보다는 경쟁자로 간주하고 전체를 생각하거나 남을 배려하는 여유나 관용을 잃어버렸다. 가정에서의 교육도 '공부가 전부이며 1등이 되어라'거나 '남들은 무엇을 하든 지 신경 쓰지 말고, 너만 잘하면 된다', '남을 때릴지언정 남에게 맞지 마라'와 같은 말을 듣고 자란 사람들이 많다.

대한민국 사회는 자신이 속한 집단이나 이데올로기가 아닌 불특정 다수의 사람과 더불어 살면서 공동체를 유지해가는 법을 체계적으로 배우지 못했으며 이를 제대로 가르치지도 않고 있다. 이는 초등학생들을 대상으로 한 조사결과에서도 잘 나타 난다. 한국교육과정평가원이 지난 2007년 프랑스와 영국, 대한민국의 초등학생 2,000여 명을 대상으로 설문조사를 실시했 다. 그 결과 대한민국은 학교에서 사회생활에 필요한 질서나 규칙을 배우고 실천한다는 응답자가 전체의 18.4%에 불과했 다. 이는 프랑스(63%)의 3분의 1에도 미치지 못한 수치다. 학교 에서 남을 이해하고 존중하는 법을 배우고 실천한다는 응답은 대한민국 초등학생이 15.9%로 프랑스(60%)에 비해 4분의 1 수 준에 머물렀다.

이 같은 조사결과를 통해 볼 때, 대한민국의 초등학생들은 프랑스나 영국 학생들에 비해 남을 이해하고 배려하는 교육을 받지 않거나, 받더라도 실천으로 옮기지 않으며 공동체의식도 결여되어 있다는 사실을 알 수 있다. 따라서 '대한민국 공동체'

단위: %

질문 항목	대한민국	프랑스	영국
학교에서 사회생활에 필요한 질서와 규칙을 배우고 실천한다	18.4	63	54.3
학교에서 타인을 이해하고 존중하는 법을 배우고 실천한다	15.9	60	60
나는 학교에서 공부할 때 행복하다고 느낀다	20.8	53	42.5

출처: 한국교육과정평가원, 2007년

조사 대상: 프랑스·영국·대한민국 초등학생 2,000여 명

는 국가를 유지하는 데 꼭 필요한 시민의식을 제대로 배우고 이를 행동에 옮기는 사람들을 늘려야 하는 숙제를 안고 있다.

4. 임기응변과 적당주의

'모로 가도 서울만 가면 된다.'

과정이야 어찌 됐든, 결과가 좋으면 다 좋다는 의미를 담고 있는 속담이다. 결과만을 중시하며 과정은 덮어버리거나 얼버무리는 적당주의가 숨겨져 있다. 대한민국은 전 세계에서 유례가 없이 빠른 경제성장을 이뤘지만, 이 과정에서 결과 중심의 성장 제일주의가 '빨리빨리 문화'와 합쳐지면서 수많은 부작용을 일으켰다.

건설 현장 등 다양한 분야에 만연된 적당주의나 '괜찮아'

문화는 안전불감증으로 이어져 각종 사건 사고로 이어졌다. 2014년에는 사상 최악의 인재人災로 꼽히는 세월호 침몰 참사와 경주 마우나오션리조트 건물 지붕 붕괴 사건이 일어났다. 2015년에는 판교테크노밸리의 한 건물 환풍구가 무너지면서 공연을 보기 위해 환풍구 위에 올라가 있던 수십 명이 사망한 사건이 발생했다.

최단 기간 안에 최대 결과물을 내놓기 위해 건설 현장에서는 부실공사를 하고, 제조현장은 하자 있는 제품이라도 적당히 둘러대서 마무리하려고 했던 일이 많았다. 적당주의는 단기적인 이익을 추구하는 기회주의와도 연결된다. 그 결과 외국인들은 대한민국의 기업이나 한국인들을 신뢰할 수 없는 존재라고 생각하거나 밖으로 표현하지는 않지만 '엉망'이라고까지 평가할 수 있다. 완벽한 결과물을 내놓기보다는 적당하게 얼버무리고 넘어가는 업무처리 태도를 보면서 한국인들은 정직하지 못하고 신뢰하기 어렵다는 인상을 받게 되는 것이다. 대한민국의 역대 정부도 마찬가지다. 단기적 성과에만 집착하는 경향은 정부가 바뀔 때마다 되풀이해서 나타나고 있다. 대통령과 참모들은 자신의 임기 내 실적에만 골몰해 단기적이고 한시적인 목표를 내걸게 된다. 정파간 편 가르기와 심한 갈등으로 정부가 바뀌면 중장기 국정과제가 제대로 인수인계되지 못하고 단절되어버리는 부작용이 되풀이되고 있다.

2009년 일본의 휴대용 게임기 닌텐도DS가 인기를 끌자, 당시 이명박 대통령은 닌텐도와 같은 게임기를 개발하라는 지시를 관계부처에 내렸고 이른바 '명텐도(이명박+닌텐도)' 개발이 시작되었다. 지식경제부는 60억 원의 예산을 투입했고 문화체육관광부는 게임 관련 연구개발 예산의 일부를 부랴부랴 비디오게임기 개발로 돌렸다. 그러나 그해 6월 출시된 게임기 'GP2X 위즈'는 아무도 찾지 않는 제품이 되었으며 제작사인 게임파크홀딩스는 2013년 폐업했다. 이명박정부가 사활을 걸고 추진했던 녹색성장정책은 박근혜정부가 들어서면서 사실상 폐기 수순을 밟았다.

박근혜정부가 총력을 기울인 창조경제 역시 비슷한 상황을 겪었다. 역대 정부의 인수인계가 제대로 이뤄지지 않았고 정책은 단절되었다. 정권을 잡은 세력이 바뀌면서 새로운 대통령의 치적이 될 것으로 기대되는 정책과 사업에 돈과 사람이 몰린다. 그러나 새로운 정부가 들어와서 전체적인 상황을 파악하는데만 최소 6개월 이상 걸린다. 중장기에 걸친 새로운 일을 시도해보려고 하면 이미 꽤 많은 시간이 지난 상황이라 대통령은 레임덕 현상을 겪으며 결국 아무것도 이루지 못하고 임기가 끝난다. 그러므로 대통령이 바뀌더라도 장기적으로 국가의 발전과 국민을 위해 필요한 정책들은 계속 이어가야 한다.

5. 편 가르기와 집단갈등

'내가 하면 로맨스, 남이 하면 불륜.'

'우리가 남이가?'

농담처럼 쓰이는 이 말은 대한민국 사회의 오래된 '이중 잣대'와 '우리끼리' 문화의 뿌리를 짐작하게 한다. 학연과 지연, 군대 인연, 심지어 주요 대학교의 최고위과정 동창이라는 인연이라고 서로 서로를 관련짓고 네트워크를 만드는 것이 대한민국 사회의 민낯이다.

대한민국 사회에서는 유독 '우리'라는 단어를 많이 쓴다. 종종 '의리'라는 단어로도 표현되며 '내 식구 감싸기'와 편 가르기를 의미할 때도 있다. 이처럼 리더가 자신과 일한 경험이 있는 특정 개인을 편애하는 현상을 심리학에서는 내집단 선호Ingroup Favoritism 혹은 내집단 편향Ingroup Bias이라고 부른다. 내집단이란 말을 만든 사람은 미국 사회학자 윌리엄 그레이엄 섬너William Graham Sumner인데 그는 원시부족에 대한 연구를 통해 사람들이 '우리'라고 평가하는 내집단 이외의 사람을 외집단Outgroup으로 여기고 혐오하거나 배척한다고 분석했다.

얼굴을 모르는 익명의 사이버 공간에서는 외집단에 대한 사이버 폭력이 손쉽게 이뤄진다. 2015년 한국인터넷진흥원의 조사에 따르면 초등학교 4학년부터 고등학교 3학년까지 학생 중 14%는 사이버 폭력을 행사한 경험이 있었다. 이들 사이버 폭력 가해자 가운데 59.1%는 사이버 폭력 피해경험도 갖고 있었다. 피해를 입은 학생 중 43.7%는 사이버 폭력을 휘두른 가해경험을 갖고 있었다. 악플의 피해자가 가해자인 악순환의 고리가 만들어진 셈이다.

물론 어떤 국가든 갈등이 없을 수는 없다. 다만 한 나라가 품격이 있다는 것은 그 갈등을 성숙하게 조정하고 슬기롭게 해결할 수 있다는 뜻이다. 생각이 다른 그룹(외집단)이나 집단 간 갈등을 조화롭고 조정할 때 비로소 그 국가가 품격이 있다고 말할 수 있다.

그렇다면 현재 대한민국 사회가 안고 있는 이념·정파·계층·지역·세대 간 갈등을 어떤 방법으로 해소해나갈 수 있을까. 다양한 방법이 있겠지만, 히틀러의 집권과 독주를 견제하지 못했다는 제2차 세계대전 이후의 반성에서 시작된 독일의 시민교육에서 힌트를 얻을 수 있다.*

독일의 보수진영과 진보진영을 대표하는 정치인, 지식인들이 1976년 시골 도시인 보이텔스바흐Beutelsbach에 모여 이념과 정파를 뛰어넘는 시민교육 3원칙에 합의했다. 이는 '보이텔스바흐 협약 3대 원칙'으로 불리며 독일의 국민성을 바꾼 시민교육으로 평가받는다. 3가지 원칙 중 첫 번째는 강압적인 교화와

---

* 윤석만, "독일인은 어떻게 가장 매력적인 국민이 됐나", 〈중앙일보〉, 2017.2.16., 20면.

| 한국인이 꼽은 가장 매력적인 외국 국민은? |

순위	국가	매력적인 이유
1	독일	성숙한 시민의식, 관용정신
2	일본	배려 문화, 철저한 준법의식
3	스위스	여유로움, 준법의식
4	미국	자유를 중시하는 국민성
5	싱가포르	높은 도덕성, 근면성실
6	영국	다양성 중시하는 문화
7	프랑스	자유롭고 창의적인 문화
8	캐나다	여유로움, 배려 문화
9	뉴질랜드	여유롭고 자유로운 생활
10	호주	여유롭고 자유로운 생활

출처: 한국교육과정평가원, 2007년

조사 대상: 프랑스·영국·대한민국 초등학생 2,000여 명

주입식 교육을 금지하고 학생의 자율적인 판단을 중시한다는 것이다. 두 번째와 세 번째 원칙은 논쟁적 주제는 수업 중에도 다양한 입장과 논쟁 상황이 그대로 드러나게 해야 하며 학생의 상황과 이해관계를 고려해 시민적 역량을 스스로 기를 수 있도록 돕는다는 것이다. 독일에서는 초등학교 5학년부터 고등학교 졸업 때까지 '정치교육'이라는 교과목에서 시민교육이 이뤄진다. 논쟁이 될 수 있는 사회적 주제를 많이 소개하고 다양한

주장과 함께 그 주장의 토대가 되는 논거들을 자세하게 다룬다. 독일 시민교육의 특징은 객관식이 없다는 것이다. 객관식은 출제자의 의도에 자신의 생각을 맞추는 평가 방식으로 간주해 없앤 것이다. 중요한 것은 결론(정답)이 아니라 학생 개개인이 자신만의 답을 찾아가는 문제 해결과정이라고 생각하기에 모든 평가는 주관식 서술형이다.

대한민국 사회의 사회분열과 집단갈등은 이미 위험수위를 넘어섰다. 이념·계층·지역·세대갈등의 골은 더욱 깊어져만 가고 있다. 서로 의견 차이를 조정하고 줄여가는 과정을 초등학교 때부터 교과목으로 신설해서 배우고 실천하도록 해야 한다. 그렇지 않을 경우 우리 사회는 내분과 갈등의 블랙홀로 빨려들어가서 미래로 한 발짝도 나아가지 못할 것이다. 대한민국의 품격은 사회분열과 집단갈등을 얼마나 잘 조절하고 치유하는가에 달려 있다.

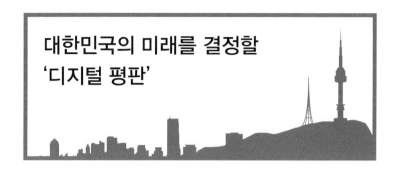

대한민국의 미래를 결정할 '디지털 평판'

　대한민국은 구글과 같은 검색 엔진을 비롯해 유튜브 등 동영상 채널, 페이스북, 인스타그램, 트위터 등 SNS 디지털플랫폼을 활용해서 국가평판을 높이거나 국가브랜드를 끌어올리는 작업을 얼마나 잘하고 있을까?

　우선, 유튜브에 올라와 있는 대한민국 홍보 동영상을 살펴보자. 과거 '다이내믹 코리아' 슬로건 홍보 영상이 '크리에이티브 코리아' 활용 동영상보다 영상의 스토리 구성이나 완성도 측면에서 훨씬 더 낫다. 특히 2010년 유튜브에 업로드한 동영상은 이야기에 일관성이 있고, 보는 사람들을 매료시키는 소구력이 있다. 그러나 2016년 게시된 '크리에이티브 코리아' 동영상은 여러 측면에서 아쉬움을 남긴다. 전체적인 짜임새도 엉성하고 일관성도 떨어진다. 대한민국을 제대로 알리고자 제작되었는지 의문이 들 정도다. 일례로 조정 경기를 하는 장면은 어색하며 뜬금없다는 느낌마저 준다. 무엇보다 영상 자체가 창의적이지 않다. 내용은 물론 홍보 영상 속 배경 음악도 조화를 이루지 못했다는 인상을 준다. 물론 예산이나 시간이 부족했을 수도 있지만 시간이 흘렀음에도 영상이 개선되고 발전되었다기보다는 오히려 후퇴했다는 느낌을 준다.

지금은 바야흐로 SNS 시대다. 삼성전자가 미국에 가전공장을 지을 수 있다는 기사가 온라인 매체 〈악시오스Axios〉를 통해 2017년 2월 2일 발표됐다. 미국 대통령 도널드 트럼프는 이 기사를 인용해 트위터에 올린 글은 우리나라와 미국에서 동시에 화제가 되었다. 트럼프는 기사 링크와 함께 남긴 메시지는 "고맙습니다, 삼성! 우리는 당신과 함께하고 싶어요Thank you. @Samsung! We would love to have you"였다. 삼성의 미국 투자를 예상하는 기사를 아예 기정사실화해서 쐐기를 박기 위해 트위터를 활용한 것이다. 한 나라 정치지도자의 일거수일투족이 유튜브, 페이스북, 트위터, 라인, 위챗 등의 디지털 플랫폼이나 네트워크를 타고 실시간으로 전 세계로 확산되고 있다. 이처럼 미국을 비롯해 영국, 호주 정부는 SNS를 비롯한 소셜미디어를 활용해 적극적인 국가 홍보를 하고 있다.*

2009년 5월 미국 정부는 정부 정책에 대한 시민 참여를 높이고, 투명하고 책임지는 정부라는 국정목표를 달성하기 위해 백악관 홈페이지 내부에 시민참여국White House Office of Public Engagement, OPE을 신설하였다. 이 기관은 각종 ICT 기술을 활용해 미국 정부의 정책을 알리고 공공부문 콘텐츠 확산 업무를 수행해오고 있다. 특히 정부와 국민들 사이의 소통을 촉진하기 위해 다양한 국정 이슈 및 공공정보의 개방과 연계를 구현했다. 또한 시민 참여에 대한 피드백이 실시간으로 이뤄지도록 했다. 테러나 자연재해로부터 국토를 지키기 위해 2003년 설립된 미국의 국토안보부Department of Homeland Security, DHS는 사건이 발생하면 비상대응, 준비, 관리 등의 순서로 대처하는 시스템을 갖추고 있다. 이처럼 미국은 동영상과 트위터, 페이스북 등 각종 소셜미디어를 통해 신속하게 정부와 대통령의 활동을 알리고 국민들의 여론을 광범위하게 수렴한다.

영국 정부는 2011년 3월 국민들과의 소통을 강화하고 정부 부문에서의 혁신을 촉진하기 위해 총리실 내부에 디지털참여국Director of Digital Engagement을 설치했다. 공공부문의 정보를 적극적으로 공유하고 개방하기 위한 방법이다. 또한 2012년 5월에는 공무원들이 국민들과 소셜미디어를 통한 소통을 돕기 위해

---

* 송수근, "소셜미디어 시대의 정부홍보 방안 연구: SNS 이용자의 정부 온라인서비스 태도 및 평가를 중심으로", '경희대 대학원 행정학과 박사학위 논문', 2013.

'소셜미디어 활용 가이드라인'을 만들어 공표했다. 가이드라인의 내용은 우선 영국 국민들이 이미 널리 사용하고 있는 공간(채널)을 활용해 소통하라는 것이다. 둘째는 소셜미디어를 국민과의 상담과 관계구축을 위해 사용할 것이다. 마지막으로 셋째는 소셜미디어를 이용해 정책의 투명성이나 책임성을 더욱 높이자는 것이다. 대한민국도 미국과 영국 정부의 사례를 참고해 국가평판과 국가브랜드를 끌어올리는 데 적극적으로 소셜미디어를 활용해야 한다.

대한민국을 해외에 홍보하는 전략도 재점검해야 한다. 경희대학교 국제대학의 임마누엘 페스트라이쉬 교수는 대한민국이 국가 홍보에 많은 돈을 투자하고 있지만 홍보물을 준비하기 전에 외국인이 대한민국에 대해 무엇을 알고 싶어하는지를 물어보지 않는다고 지적한다.* 대한민국의 대기업이나 대학교는 막대한 자금을 보유하고 있지만 그들이 세계 시장에 쉽게 진입할 수 있도록 도와주는 최고 수준의 국제문제 전문가를 고용하는 데 인색하다고 지적한다. 아울러 대한민국에서는 홍보 동영상이나 자료를 아마추어 작가가 제작하는 경우가 매우 흔하다고 꼬집었다. 그는 "왜 대한민국은 자신이 1등인 사례를 묶고 자기 나름의 설명을 덧붙여 제시하지 못하는가? 이런 일을 할

---

* 임마누엘 페스트라이쉬, 《한국인만 모르는 다른 대한민국》, 21세기북스, 2013.

필요조차 느끼지 못하는가?"라고 반문한다. 대한민국을 알리는 진정한 홍보는 대한민국 역사와 문화에 대한 홍보이며 해외 지식인들을 상대로 한 본격적인 홍보 작업 없이는 대한민국의 브랜드 가치가 높아지는 일은 생각하기 어렵다는 게 그의 주장이다. 지금 대한민국 홍보를 위해 필요한 것은 '독도는 우리 땅'이 아니라 대한민국 역사를 시적으로 응축해 표현하는 능력이라고 제언했다.

한편 국가브랜드 인지도를 높이기 위해 온라인과 오프라인을 통합한 통합 마케팅 커뮤니케이션IMC 전략도 구사할 필요가 있다. 즉, 세계에 대한민국을 알릴 때는 온라인과 오프라인을 연계해 광고와 홍보를 하는 미디어 전략을 구사해야 한다. 인터넷 서핑이나 애플리케이션을 주로 이용하는 사람들은 우선 시각적 이미지로 국가이미지를 갖게 된다. 국가를 대표하는 기관의 웹사이트나 애플리케이션은 외국인에게 해당 국가의 인터넷이나 모바일 관문이라고 할 수 있는 만큼 국가브랜드를 잘 나타내주는 로고와 서체, 컬러 등을 활용한 시각적 표현도 중요하다. 이를 위해 시각적 콘셉트부터 색상, 레이아웃, 폰트, 그래픽 요소 등까지를 포괄하는 인터넷 스타일가이드를 만들어놓고 일관성을 추구할 필요가 있다. 정부의 여러 기관들이 각각의 시각적 이미지를 만드는 것은 바람직하지 못하다. 국가브랜드 정체성과 지자체를 포함한 정부의 정체성이 제각각이되기 때문이다. 그런 점에서 행정자치부나 교육부 등 정부 부처가 만든 수많은 애플리케이션은 통합되거나 체계적으로 정리될 필요가 있다.

예를 들어 해양수산부가 내놓은 애플리케이션은 '유익한 수산정보', '바다 갈라짐' 등으로, 비슷비슷한 개념의 애플리케이션이 무려 17개나 된다. 국토교통부와 농촌진흥청에서 각각 선보인 애플리케이션 역시 각각 14개, 13개에 이를 정도로 많다. 이들을 모두 관리하는 데는 시간과 비용이 들 수밖에 없다. 심지어 일부 애플리케이션은 거의 관리되지 않고 있는 실정이다.

아울러 SNS 종류에 따라 주요 이용자층이 조금씩 다르거나 장점이나 특성이 다르므로 이를 감안해서 메시지를 발신할 필요도 있다. 예를 들어 인스타그램은 사진이나 비주얼에 강하다. 페이스북은 몇 년 동안 급속히 영향력을 확대해온 소셜미디어로 인스타그램에 비해 이용자의 연령층이나 소득계층 등이 매우 다양하다. 이같은 SNS의 특징을 잘 파악하고 그 특성에 맞는 국가브랜드 마케팅 전략을 펼치는 것이 중요하다.

필자는 이처럼 소셜미디어 플랫폼에서 통용되는 국가평판을 '소셜 레퓨테이션Social Reputation'이라고 명명하고자 한다. 이를 객관적인 지수로 측정하기 위한 SR 인덱스SR Index를 만드는 것도 하나의 방법이다. 이때 대한민국 정부가 소셜미디어의 팔로어를 많이 거느린 'SNS 스타' 등을 귀찮게 굴면서 홍보하도록 권유하거나 압력을 가하는 것은 피해야 한다. 오히려 역효과가 날 수 있기 때문이다. 대한민국의 국가브랜드나 국가품격을 높이는 가장 좋은 방법은 외국인들이 직접 자신들의 입으로 대한민국을 홍보하도록 만드는 '그들이 말하게 하라Let them say' 전략이다.

결론적으로 스마트폰의 발달로 이제는 전 세계에서 공론의 장이 실시간으로 열린다. 각종 인터넷 사이트에서 정보가 전달되고 활발한 토론이 벌어진다. 누구나 다른 나라 시민이나 단체들과 자유롭게 의견을 교환할 수 있다. 이제 한 나라의 외교 정책은 단지 자국 국민들의 의견을 대표하는 것에 그쳐서는 안 된다. 자국을 바라보는 모든 지구 시민들의 시각과 견해를 의식해야만 하는 상황이다. 이제는 전 세계의 눈높이에 맞춰서 외교의 품격도 끌어올릴 필요가 있다.

메르켈 총리의 고백,
"외국인 노동자들 떠날 줄 알았는데…"

대한민국에 체류하는 외국인 수가 200만 명을 넘어섰다. 법무
부의 출입국 통계에 따르면 2005년 75만 명에 불과하던 대한
민국 거주 외국인은 10년 사이에 115만 명이 늘어났다. 외국
인이 전체 대한민국 인구에서 차지하는 비중도 2001년 1.5%
에서 3.7%로 높아졌다. 특히 외국인 배우자 수가 급속도로 증
가했다. 외국인 배우자와의 국제결혼이 전체 결혼 중 차지하
는 비중은 2005년 이후 10%를 상회한다. 국제결혼 증가로 인
해 대한민국의 다문화 사회 경향은 더욱 심화되고 있는 셈이다.
2050년에는 대한민국 전체 인구의 5% 이상이 다문화 가정에
속하게 될 전망이다. 쉽게 말해 국민 100명 중 5명은 혼인 이주
자와 그 후손이 된다.

그러나 아직까지 대한민국에는 '이민' 또는 '이민자'에 대한 통
일된 정의조차 없다. 이미 대한민국에 시집온 결혼이주 여성만
23만 명(2017년 1월 기준)에 달하는데도 말이다. 일부에서는 여
전히 대한민국은 '배달의 민족'이라며 혈통의 순수성을 내세우
지만 실상은 이미 이민사회에 가깝다. 다만 정책이나 제도가 이
를 따라가지 못하고 일반인들이 피부로 느끼지 못할 뿐이다. 예

를 들어 외국인 근로자는 최대 4년 10개월간 국내에서 일할 수 있으며 잠깐 본국에 다녀온 뒤 추가로 4년 10개월을 더 대한민국에 머무를 수 있다. 이는 꼼수로, 한 나라에 5년간 체류하면 영주권을 줘야 하는 국제 관행을 피하기 위한 임시방편적 조치다. 이처럼 대한민국의 이민 정책은 명확한 지향점이 없고, 필요할 때 '땜질'을 하고 넘어가는 식이다. 제대로 된 다문화 사회를 구축하기 위해 우리가 해야 할 일은 크게 3가지다.

첫째, 외국인 관련 조직의 정비다. 지금은 국무조정실 산하 3개 위원회로 쪼개져 있다. 정책결정을 위한 위원회만 해도 외국인정책위원회(간사는 법무부), 외국인력정책위원회(간사는 고용노동부), 다문화가족정책위원회(간사는 여성가족부) 등을 거쳐야 한다. 중소기업 경영자와 고용노동부는 더 많은 외국인을 받아들여야 한다고 주장하지만 법무부는 치안 문제를 이유로 난색을 표시하는 등 의견이 일치되지 않고 있다. 따라서 이들 조직부터 합쳐서 대통령 직속 컨트롤타워를 만들어야 하며, 아예 별도로 이민청을 설립하는 것도 논의해야 한다.

둘째는 우리가 어떤 외국인 또는 이민자를 받아들일지를 공론화해 우리 사회 구성원들 사이에 공감대를 마련해야 한다. 어느 나라에서 왔는지를 따지지 않고 대한민국이라는 거대한 용광로에 넣어서 녹여내는 미국형 '멜팅 팟' 방식을 택할지, 상대적으로 이민자 출신국의 문화와 전통을 더 많이 인정해주는 유럽형 '샐러드 볼Salad Bowl' 방식을 택할지에 대해 진지하고 심도 있는 논의를 벌여야 한다.

셋째는 법률을 정비해야 한다. 국적법을 비롯해 난민법, 출입국관리법 등으로 나뉜 관련 법 조항을 우리 사회가 지향하는 방향으로 개정해야 한다. 장기적으로는 이민법 제정까지 염두에 두고 행동에 나서야 한다. 최종적으로 우리나라의 실정에 맞는 종합적인 '대한민국형 이민 모델'을 수립해야 한다.

지금 이 일을 시작하지 않으면 우리는 불행한 미래를 맞을 수도 있다. 이민자들에게 개방적이던 프랑스에서는 2015년 1월 초 잡지사인 〈샤를리 에브도Charlie Hebdo〉에 무장괴한이 침입해 총기를 난사했는데 테러범들이 알제리 출신의 이민자라는 사실이 알려져 충격을 줬다. 2016년 7월에는 프랑스의 휴양지 니스 해변에 테러범들이 탄 대형 트럭이 시민들을 향해 돌진해 휴가를 즐기고 있는 시민 86명이 숨졌다. 독일 총리 앙겔라 메르켈Angela Merkel은 "우리는 1960년대 초 불러들였던 외국 노동자들과 지금도 함께 살고 있다. 그들이 언젠가는 떠날 것이라고 생각했는데 그렇지 않았다"며 과거의 생각이 안일했음을 인정했다. 앞으로 10년 또는 20년 후 대한민국의 대통령도 메르켈 총리와 비슷한 탄식을 할까 봐 두렵다.

어윤대
초대 국가브랜드위원장이
바라본 국가의 품격

어윤대 고려대학교 명예교수는 초대 국가브랜드위원회 위원장으로 2009년부터 2010년 6월까지 재직했다. 장관급 국가브랜드위원장으로서 국가브랜드를 끌어올리기 위해 재직 기간 중 국내외 언론의 인터뷰에 150여 차례 임했으며 수많은 해외 일정을 소화했다. 그에게 국가브랜드와 국가품격을 높일 수 있는 방안에 대해 들어봤다(자연스런 문맥의 흐름을 위해 어 명예교수의 발언을 내러티브 형식으로 기술한다).

국격을 높이기 위해서는 국제사회에서 대한민국과 한국인에 대한 신뢰와 존경을 얻어야 한다. 우선 대한민국에 거주하는 외국인들이 대한민국을 좋아하고 사랑해야 한다. 쉽게 말해, 외국인이 대한민국에서 살고 싶어 하며 한국인과 함께하는 것을 자랑으로 생각한다면 국가의 품격은 높아진다. 품격이란 응당 있어야 할 자리에 있을 때 올라가므로, 타인을 배려하고 사랑하는 것이 대한민국 국격을 높이기 위한 핵심이다.

국가나 기업의 브랜드와 이미지도 중요하다. 한국인의 시각이 아니라 해외, 그리고 외국인의 시각으로 대한민국을 바라봐야 한다. 국가브랜드를 쌓기는 힘들지만 망치는 것은 한순간에도 가능하다. 정권 비선실세의 사익 추구 사건으로 대한민국이 국제적으로 망신을 당한 사건을 보면 이해하기 쉽다. 그만큼 국가브랜드 관리를 위해 평소에 부단히 노력해야 한다.

대한민국에 대한 인지도와 호감을 높이기 위해서는 홍보를 잘하는 것도 중요하다. 위원장으로 재직할 당시, 대한민국의 국가이미지를 개선하기 위해 고민했다. 비용과 효과를 고려해 투 트랙 방식으로 접근했다. 하나는 비용 대비 효과가 좋은 온라인을 적극 활용하는 방법이었다. 인기가 많은 해외 웹사이트에 잘못된 대한민국 정보가 올라왔을 경우 바로잡는 등 여러 프로젝트를 저비용으로 추진했다. 그중에 가장 기억에 남는 것은 대한민국에 유학 온 외국인 학생들로 하여금 자국 사이트에 대한민국을 제대로, 그리고 재미있게 소개할 수 있게 지속적인 이벤트를 벌인 것이었다. 비용 대비 효과가 아주 컸다는 평가가 많았다.

다른 하나는 홍보비가 들더라도 국제사회에 영향력이 큰 CNN이나 BBC 등 잘 알려진 방송에 광고를 내보내는 방법이었다.

대한민국의 첨단 산업과 제품을 알리기 위해 이들 방송에 '첨단 기술국가 대한민국'이라는 광고 문구를 발신한 것이다. 지금도 비슷하겠지만 조사해보면 삼성과 현대자동차, LG 등 대한민국 대기업을 아직도 일본 회사로 알고 있는 외국인들이 많다. 물론 우리 대기업들도 기업이미지가 국가이미지보다 높기 때문에 대한민국이라는 국가브랜드를 전면에 내세우거나 '메이드 인 코리아'라는 사실을 드러내기를 꺼리는 측면도 있다.

국가의 품격을 이야기할 때는 다른 사람에 대한 배려가 매우 중요하다. 그런 점에서는 감정적으로 불편하더라도 일본의 사례에서 배울 점이 있다고 생각한다. 특히 우리는 다문화 가정을 좀 더 배려해야 한다. 현재 대한민국 농촌의 총각들이 상당수 외국인 신부를 맞아들인다. 우리의 딸들이 외국으로 시집간다고 생각하면 우리가 외국인 결혼 가정을 어떻게 대해야 할지는 분명하다. 국제사회에 대한 기여가 부족해도 제대로 대접을 받을 수 없다. 부자가 인색하면 인격이 떨어져보이지 않는가? 국가 역시 국제사회에서 책임 있는 모습을 보여줘야 한다.

국가브랜드 제고를 위해 중요한 것은 대한민국과 국민들의 실체를 개선하고 업그레이드하는 일이다. 실체가 변하지 않는다면 홍보로 국가브랜드나 국가의 품격을 높이려는 시도는 큰 의미가 없다. 국민들이 글로벌 시민의식을 가져야 하는 것은 아무리 강조해도 지나치지 않다. 우리 사회가 타인에게 친절하고 법과 질서를 잘 지켜야 한다는 공감대를 형성하는 노력이 절대적으로 필요하다. 일례로, 백화점이나 호텔에서 문을 열고 들어갈 때 뒷사람을 위해서 문을 잡아주는 사소한 예절이 필요하다. 그러나 지금 우리 국민의 절반 가까이는 뒤에 따라오는 사람을 위해 문을 잡아주지 않고, 심지어 앞사람이 문을 잡고 있으면 뒷사람이 먼저 들어가는 경우도 많다. 나는 세계 시민의식을 고취하는 데 국민들의 인식 개선이 중요하다고 생각해서 공익광고를 만들어 TV에 방영했다. 글로벌 시민의식은 국민들이 자각하고 의식이 바뀌어야 정착될 수 있는 만큼 지속적인 캠페인을 전개한 것이다.

아울러 국가의 격을 높이고 정의롭고 공정한 사회로 나아가기 위해서는 국민들과 함께 정부가 힘을 합치고 노력해야 한다. 대한민국의 기업들 역시 세계 시장에서 국가브랜드를 키우는 데 앞장서야 할 것이다. 국가브랜드가 좋아지면 다시 국가, 기업, 개인에게 혜택이 돌아온다.

대한민국은 5년마다 정부가 바뀐다. 새로운 정부가 들어서면 종전 정부에서 추진했던 정책은 멈추고 새로운 일을 시작한다. 국가 시스템과 정책은 일관성이 매우 중요한 데도 많은 정책들이 지속되지 못한다. 지금처럼 단절되어서는 곤란하다. 국가브랜드를 높이기 위한 시도는 지속되어야 한다.

도서

- 김대영, 《평판이 전부다》, 매일경제신문사, 2016.
- 사이먼 안홀트, 《안홀트의 장소브랜딩》, 한국외국어대학교출판부, 2015.
- 윤정인, 《코리아 브랜드 파워: 국가에 품격과 이미지를 입혀라》, 매일경제신문사, 2010.
- 한충민, 《국가브랜드 세계화: 이론과 실제》, 한양대학교출판부, 2016.
- 김동열, 《고용절벽의 시대: 어떤 경제를 만들 것인가》, 티핑포인트, 2017.
- 유재웅, 《국가이미지: 이론·전략·프로그램》, 커뮤니케이션북스, 2008.
- 후지와라 마사히코, 《국가의 품격》, 오상현, 북스타, 2006.
- 김우창 외 11명, 《국가의 품격: 담론과 성찰 2》, 한길사, 2010.
- 마이클 퍼틱·데이비드 톰슨, 《디지털 평판이 부를 결정한다》, 중앙북스, 2015.
- 찰스 폼브런·시스 B.M. 반리엘, 《명성을 얻어야 부가 따른다》, 서울출판미디어, 2004.
- 임마누엘 페스트라이쉬, 《한국인만 모르는 다른 대한민국》, 21세기북스, 2013.
- 다니엘 튜더, 《기적을 이룬 나라, 기쁨을 잃은 나라》, 문학동네, 2013.
- 김유경 외, 《공공브랜드의 전략적 관리》, 한경사, 2014.
- 키스 디니, 《글로벌브랜드 가치제고를 위한 국가브랜드의 전략적 관리》, 김유경 옮김, 나남, 2009.
- 장옌, 《알리바바 마윈의 12가지 인생 강의》, 매일경제신문사, 2014.

- 최연혁,《좋은 국가는 어떻게 만들어지는가》, 시공사, 2016.

- 이병문,《핀란드 들여다보기》, 매일경제신문사, 2006.

- 매일경제편집국 특별취재팀,《우리 마음속 10적》, 매일경제신문사, 2016.

- 김진영,《격의 시대》, 영인미디어, 2016.

- Ray S. Cline,《The Power of Nations in the 1990s: A Strategic Assessment》, UPA, 1995.

- Morgan, NigelAnnette Pritchard, and Roger Pride,《Destination branding: creating the unique destination proposition》, Butterworth-Heinemann Ltd, 2002.

- Lerbinger, Otto,《The crisis manager》, Taylor and Francis, 2012.

논문

- 김대영, "평판 분야의 국내 연구에 대한 내용분석",〈대한경영학회지〉, 27(11), 2014, p.1903-1921.

- 강우성·유창조·김대영, "브랜드에 대한 부정적 기사내용이 브랜드 평가에 미치는 영향: 브랜드 전략 유형과 선호정도에 따른 차이를 중심으로",〈마케팅관리연구〉, 20(3), 2015, p.65-99.

- 유창조·김대영·강우성, "특정 브랜드에 대한 퍼블리시티의 방향성이 브랜드 계층구조상의 다른 브랜드들에 대한 평가에 미치는 영향",〈소비자학연구〉, 24(4), 2013, p.73-98.

- 김대영·변상호, "기업-CEO 평판격차가 개인의 구매의사, 성장 및 투자전망, 기업선호에 미치는 영향",〈벤처창업연구〉, 11권 3호, 2016.

- 신철호 외, "해외 주요국의 국가브랜드 관리사례연구",〈여성과 경영〉, 2권 2호, 2009.

- 문윤택, "국가 및 브랜드 이미지가 기업평판에 미치는 영향 연구: 현대 및 기아자동차에 대한 외국 소비자 인식을 중심으로", '성균관대 대학원 신문방송학과 석사학위 논문', 2006.

- 노주현, "미디어콘텐츠를 활용한 국가브랜드의 홍보가치 제고 방안 연구", '경희대 대학원 조형디자인학과 박사학위 논문', 2014.

- 송수근, "소셜미디어 시대의 정부홍보 방안 연구: SNS이용자의 정부 온라인서비스 태도 및 평가를 중심으로", '경희대 대학원 행정학과 박사학위 논문', 2013.

- 이상희, "국가 해외홍보를 위한 정부 웹사이트 디자인의 브랜드 아이덴티티에 관한 연구", 홍익대 일반대학원 시각디자인 석사학위 논문, 2005.

- 이병종, "뉴욕타임스에 나타난 한국의 이미지 변화 추이 연구 한국의 소프트 파워를 중심으로",〈홍보학연구〉, 14(3), 2010, p.150-184.

- 김정탁·박진서·김소형, 미국 언론에 나타난 동북아 3국의 국가이미지 비교 연구,〈광고연구〉, 2002.

- 이병종, "국제 언론에 비친 한국의 이미지 연구:국가별 차이를 중심으로",〈홍보학연구〉, 2012.

- 신철호 외, "해외 주요국의 국가브랜드 관리 사례연구",〈여성과 경영〉, 2권 2호, 2009.

- 삼성경제연구소, "2012 국가브랜드지수 조사 결과", 〈SERI 이슈페이퍼〉, 2013.1.10.

- Kang,M., Yang,S.U., "Comparing effects of country reputation and the overall corporate reputations of a country on international consumers' product attitudes and purchase intentions", 〈Corporate Reputation Review〉, 13(1), p.52-62.

인터넷 출처와 신문 기사

- 김대영, [매경데스크] 국력방정식, 〈매일경제신문〉, 2017.3.20., A39면.

- 김대영, [매경데스크] 2017, 국가품격 높일 元年으로, 〈매일경제신문〉, 2017.1.2., A39면.

- 김대영, [매경데스크] 서비스기업, 내부평판이 우선이다, 〈매일경제신문〉, 2016.10.23., A39면.

- 김대영, [世智園] 한국의 평판度, 〈매일경제신문〉, 2013.11.18., A39면.

- 김대영, [Talk 터놓는 경제] 어떤 회사가 될 것인가? 물어야 하는 이유, 〈매일경제신문〉, 2014.11.27., A37면.

- 이상덕 외, B급 국가 바이러스 시리즈, 〈매일경제신문〉, 2016.9..

- EBS교육방송 〈지식채널e〉, 유럽의 문제아 핀란드 등 북유럽 국가들 관련 내용.

- 국제투명성기구(TI) 홈페이지의 2016년 국가별 부패 인식 지수,
  http://www.transparency.org/news/feature/corruption_perceptions_index_2016.

- 세계경제포럼(WEF) 홈페이지의 국가경쟁력 지수,
  http://www3.weforum.org/docs/GCR2016-2017/05FullReport/TheGlobalCompetitive
  nessReport2016-2017_FINAL.pdf.

- 동아시아연구원(EAI)의 국가이미지 조사 결과, www.eai.or.kr.

기업과 개인의 미래가 국가평판에 달려 있다!

품격이 전부다

초판 1쇄 발행 2017년 4월 3일
초판 6쇄 발행 2017년 12월 26일

지은이 김대영
그린이 김준혁
펴낸이 전호림
책임편집 강현호
마케팅 박종욱 황기철 김혜원

펴낸곳 매경출판㈜
등 록 2003년 4월 24일(No. 2-3759)
주 소 (04557) 서울시 중구 충무로 2(필동1가) 매일경제 별관 2층 매경출판㈜
홈페이지 www.mkbook.co.kr **페이스북** facebook.com/maekyung1
전 화 02)2000-2630(기획편집) 02)2000-2636(마케팅) 02)2000-2606(구입 문의)
팩 스 02)2000-2609 **이메일** publish@mk.co.kr
인쇄 · 제본 ㈜M-print 031)8071-0961
ISBN 979-11-5542-638-8(03300)